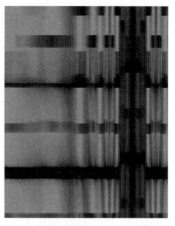

智能化未来

无人驾驶技术将如何改变我们的生活

[日]泉田良辅◎著

李晨◎译

ZHEJIANG UNIVERSITY PRESS
浙江大学出版社

前 言
Google vsトヨタ

当听到"自动驾驶汽车"这个词时，你最先会想到什么？

时下许多年轻人一谈到自驾出门就会觉得麻烦，部分女性也会因为方向感等问题而对自驾望而却步。老年人则认为考驾照是年轻人的事，即便有心学习也羞于尝试。

如果有了自动驾驶汽车，我想，他们的烦恼都能迎刃而解。

如果汽车有了自动驾驶功能，会给家家户户带来便利。可就现阶段而言，自动驾驶技术的开发还只是冰山一角。自动驾驶汽车将会成为"科技改变世界"的"钥匙"。这就是谷歌如此执着于自动驾驶汽车的原因。它运用其擅长的信息和通信技术（以下简称 ICT）①不留余地地掀起了一场革命，试图实现这一梦想。

那么，世界将会发生怎样的变化呢？

例如，如果没有交通事故，就不需要考取驾照，也可以废除车险。

如果自动驾驶汽车拥有移动通信功能，可以像手机一样随时保持联络，那购买途径就不仅限于车行，在移动通信公司也可以办到。

更进一步，如果是电动自动驾驶汽车，那从国家电网购买汽车也不再是天方夜谭。油费被电费取代，加油站也可以拆除了。

另外，既然是自动驾驶，我们的出租车上也不再需要"的哥"。

它给予了人类无限的憧憬——一个国家的监督机构、金融业和通信业、能源、电力、交通事业，乃至构成社会制度的社会规范及产业结构也许都会受到莫大的影响。

自动驾驶汽车的影响力还远远不止这些，兴许连城市的定

---

① 信息（Information）、通信（Communication）和技术（Technology）三个英文单词的首字母组合。

位也将随之改变。试想，更多的上班族放弃原来的代步工具而改坐自动驾驶汽车。随着地铁的利用率大幅下降，城市规划中商业圈与轨道交通的标配设计也变得多余。不过从能源效率的角度来看，也许地铁还是不可替代的。因为当大批量的自动驾驶汽车一齐涌入市中心，就会出现停车难的问题。

这样一来，我们就会与课题"新城市设计"不期而遇。

面对这个疑问，谷歌公司的自动驾驶汽车相关部门已经启动了"Google X"^①等项目。他们在改进自动驾驶汽车的同时，把目标设定在了城市设计这一环节。如果总结谷歌收购的企业，可以发现其中包括人工智能（Artificial Intellig-ence，简称 AI）、机器人、家用恒温器等等，不难看出些许端倪。

谷歌的野心也许不仅仅在于自动驾驶汽车这一个领域，可能是在整个城市。

正如苹果公司席卷了全球的智能机市场，谷歌的自动驾驶汽车是否也会像 iPhone 那样改变全球的汽车市场呢？事实上，随着 iPhone 的爆发性普及，许多手机制造商或改行或跑路。假以时日，汽车制造商不知是否也会面临同样的困境？

然而着眼于城市规划的企业不止谷歌一家。从电商亚马逊和电动汽车制造商特斯拉的动向中不难看出，他们对城市规

---

① 谷歌公司最神秘的一个部门，开发过谷歌眼镜和无人驾驶汽车等项目。

划也怀有兴趣。

"硬件"、"ICT"、"能源",是城市规划的关键。可见在不久的将来,企业间即将发起以城市为目标的"世界异种格斗技大赛"①。

那么在笔者的国家日本,是否有企业可以与谷歌相提并论呢?

就我个人来看,今后想在以城市为舞台展开的全球化竞争中与对手决一雌雄的日本企业,非丰田汽车公司(以下简称丰田)莫属了吧?具体原因我会在后面做详细分析。固然,丰田还有许多美中不足的地方,但谷歌也不是无懈可击的。

本书主要内容可分为:

第一章,为何谷歌会对汽车这样一种硬件设备产生兴趣。

第二章,丰田并不如日本人想象的那样"精益"。②

第三章,我们更关心的是,通过自动驾驶汽车的发展看一座城市的变化。

第四章,多数日本企业为何会停下创新的步伐?是什么直接导致它们被淘汰?

第五章,2020 年东京奥运会,日本企业以少人口的东京为例,向世界展示城市设计的雏形。

---

① 日本举办的站立综合格斗赛事。包含空手道、功夫、踢拳、拳法等格斗技。
② 精益生产方式(Lean Production),简称"精益",是衍生自丰田生产方式的一种管理哲学。

最后，关于出书的契机与本书的特色。

我是一名证券分析师，曾就职于外企资产管理公司，在企业调查和资产管理方面有 13 年的经验。之后辞职创业，成立了自己的公司。与此同时，我还担任互联网个人投资情报提供商"拢金"①的证券分析兼情报编委会会长一职。

我擅长电机机械、互联网、传媒产业。在机缘巧合之下，我开始着手调查汽车行业。

随着上一本书《日本电机产业的成败归因》②的出版，不仅有许多电机行业的朋友，还有许多汽车产业的相关人士也问我诸如"基于电机行业给我们的教训，您认为今后的汽车产业会如何发展呢？"之类的问题。于是乎，我花了一整年时间采访了日本多家整车厂③、一级供应商（Tier1）和配件厂。这些采访成为本书的重要素材。

一般情况下，证券分析师都有行业局限。所谓"术业有专攻"，一位分析师兼顾多个产业的调查是十分罕见的事，越是精通一个行业就越是分工明显。于是调查终是赶不上企业和产业的急速变化。另一方面，日本对欧美企业的调查也做得不够彻底，尤其是把握产业变革新动向、跨国跨行业分析类的书籍甚少。因此，不仅仅是汽车，我们也需要解读其他行

---

① 音译自 Longine。为个人投资家提供资讯的财经媒体网站。网址：www.longine.jp。
② 日本经济新闻出版社 2013 年 4 月 16 日出版。
③ 总装成完整汽车的厂商，相对整车厂的是配件厂。

业"世界异种格斗技大赛"的本领吧。

因为有外企金融机构工作的经验，与欧美国家的朋友也能互相了解，所以我能站在他们的角度看待日本。与此同时，我又能站在日本金融机构的立场分析欧美企业。多亏这份工作，让我时刻保持清醒，站在审视者的角度俯视全局。这一次，我也打算站在这个立场来完成本书。

目　录
Google vsトヨタ

Google

VS

序章
自动驾驶汽车仍在历史发展的"入口"

会成为全盘改变社会体系的"起爆器"吗？

也许有人会认为，自动驾驶汽车不过是"众多先进机械设备之一"。实则不然，它将成为一个改变现状的契机，以此来改变这个庞大的社会体系。

"自动驾驶汽车就像一个遥远的梦，仅是问世也会是很久以后的事了吧？"

估计绝大多数的人都会这么认为吧？就我身边的人而言，接触汽车行业越久，就越会这样想。因为越是了解如今的技术，就越对自动驾驶技术实现的困难有切身体会；他们还知道，就算真的进入自动驾驶汽车时代，它也会给社会带来种种负面影响，这让他们感到泄气。反之，对汽车不精通的人或者无车一族，却对自动驾驶汽车的未来抱有单纯的期待——"不用开车就能去自己想去的地方呢。"两厢一比较，倒是形成了鲜明的对比。

然而，一旦自动驾驶汽车普及，变成社会体系的根基，那至今为止我们习以为常的社会制度就不得不作出改变。

想必，这种改变将会以发达国家为中心，逐渐普及至全球。那么，日本能够主导这场改变，还是只能被动接受？这关乎日本未来的定位。

不可否认，作为硬件设备，汽车在城市设计里扮演了一个重要的角色。而城市设计与我们的生活品质息息相关。

在美国，一到周末，人们就驾驶着自己的汽车，从市区开去郊外临街的购物中心大采购，然后在沃尔玛（Walmart）之类的折扣超市里给汽车加满油，再开回市区。反观日本，虽然东京是世界上罕见的"生活离不开电车的城市"，但在其他城市则仍是以汽车作为主要的代步工具。

如今不仅是日本，发达国家的中心城市都在发生老龄化现象。在这种情况下，原来以汽车为中心的城市设计还能够维持正常运作吗？随着老龄化的加剧，越来越多的人表示"不想开车"、"想开也无法开"。因此对于汽车厂商来说，解决"如何减少不能驾车的老年人"的麻烦远比解决"让年轻人重拾对汽车的兴趣"更迫在眉睫。

随着技术的革新，当我们迈入自动驾驶汽车不再只是梦想的时代，道路将会全部完善为自动驾驶汽车可以通行的道路，老年人就可以像过去一样，安心驾车了吧？不过自动驾驶汽车带来的变化不仅仅体现在交通上，一切我们现在觉得理所当然的制度、产业结构等都会受到强烈的冲击（见图1）。

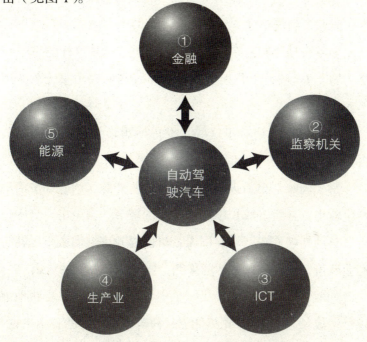

出处：由 GF Research 制作

图 1　自动驾驶汽车给五个领域带来"突变"

①金融　有了"不会出车祸的汽车"后，汽车保险的定义、对象、资金的流向、业界结构都将发生巨大的变化。

②监察机关　既然不再由人类驾驶汽车，那驾照是否也可以免除？

③ ICT　移动通信公司也可以出售汽车。

④制造业　缩短或减少日本汽车产业的价值链①的可能性。

⑤能源　从"只能消费能源"的城市转型成"能消费能存储能源"的城市。

随着自动驾驶汽车话题的深入，也会出现这样的声音：

"自动驾驶技术是发达国家的事，与新兴国家无关。用不着普及。"

事实上，正是对于这些"推进城市设计的新兴国家"，自动驾驶技术才是不可或缺的。

每个国家都会引进能源。活用这些能源、刺激经济活动产生输出，是经济成长中一个重要的环节。当城市设计中包含了自动驾驶汽车，新兴国家就可以高效率推动城市运转与产业政策，大大降低能源的采购，同时防止外汇的流出。

如此，国家就能够凭借"手中可获得的能源，更快地促进经济成长"。这对原先只能靠从海外引进能源的日本来说，无疑是从困境中解脱出来的重要助力。对于经济飞速发展的新兴国家也同样具有重大的意义。

因此，借助自动驾驶汽车这一硬件设备，不仅是发达国家，连新兴国家的社会体系都有可能发生改变。

---

① 关注从原材料的购买、制造到商品抵达顾客这一过程中，"产生附加价值"的关联。

谷歌为何要制造自动驾驶汽车?

那么，为什么谷歌要制造自动驾驶汽车呢?

开门见山地说，这是因为谷歌已经发现，自动驾驶汽车将会引发"社会制度的改变"。只有自动驾驶汽车，才能打破现有的制度，按照我们自己的意愿，建立"更智慧的社会制度"。谷歌也正是看到了这一硬件设备潜在的重要性。

谷歌是一家高盈利的企业，但是就现在而言，它不过是一家以搜索引擎为根基的互联网广告公司。因此，谷歌想把拳头产品"ICT"融入"自动驾驶汽车"，以便在不久的将来当各种社会制度重新建立时，掌握主动权。

换句话说，被称为ICT巨头的谷歌公司，会如何设计汽车，如何新建制度，会给社会带来怎样的冲击，将决定它未来 20 年的发展。

过去，谷歌曾对智能机市场的定位作出过贡献。它参与设计了硬件。虽然谷歌并不制造硬件，但它开发和提供了系统（Operating System，以下简称 OS），使得手机和智能机的市场结构焕然一新。

放眼看如今的智能机市场，大部分手机搭载的不是谷歌的安卓（Android）系统，就是苹果的 iOS 系统。商家们多半基于这两个系统设计各自品牌的手机。

由于安卓系统是开放源码①，手机制造商们为了打败竞争对手，会使出浑身解数以求得一手资料用于自己的设计。因此，为了能先一步开发出新商品，制造商们时刻与谷歌保持着密切的联系。

这就形成了一股强大的力量，影响着智能机的开发过程。谷歌占据了除苹果手机以外的系统市场，这使得它在手机开发商之间持有不小的话语权。

"安卓"名称的由来，原取自"完全融于人群中的机器人"之意。谷歌在 2005 年收购安卓时是否已经展望到当下的自动驾驶汽车以及机器人市场，我们不得而知，但它的这一行为都与 10 年后的今天，谷歌重视的一些领域——AI 的

---

① 开放源码（Open Source），意译为开放性的源代码，简称开放源码，一种软件编写方面的公共协作。

自然语言处理领域[1]、机器人等等，有着千丝万缕的关系。这究竟是偶然还是必然？谷歌的目标不仅仅是ICT，而是"支配包含硬件在内的整个系统"。

---

[1] 是计算机科学领域与人工智能领域中的一个重要方向，它研究能实现人与计算机之间用自然语言进行有效通信的各种理论和方法。

在"硬件与系统的战争"中不断失去优势的传统企业

试想，如果自动驾驶汽车和智能机一样，会迎来产业结构变化的话，那它将面临怎样的改变呢？

把汽车看作一台硬件设备，接通网络，利用网络终端的服务平台来操控它，那么这个市场的竞争，就不仅限于"硬件设备之间的竞争"了。

想当初随着智能机的问世，照相、手机游戏、路线导航这些功能也一起被摆在了我们的眼前。好比一个单机游戏突然接通了网络，它的市场竞争就从单纯的"硬件市场"突然转向了"系统市场"。于是，原先"硬件市场"里的巨头公司不得不与"系统市场"里的高科技对手厮杀，却因隔行如隔山而被迫下马。

　　日本人在看待此类问题时，往往会觉得这只是“硬件与软件之间的较量”，实则不然。它是真真正正、“硬件与系统的战争”。从一开始，竞争领域就从硬件换成了系统，所以日本企业无论在硬件市场有多少优势，在这场战争中仍是会输去头筹。

　　再看苹果公司，当初发布 iPod 产品后，与随之而来的 iTunes 捆绑，即刻打破了旧模式的竞争规则。在此之前，这个旧模式涉及三种竞争者：想要扩大播放器的硬件市场占有率的竞争者，想要吸收更多内容资源的竞争者，负责收费功能的竞争者。而苹果正是将这三大竞争者的市场合并在一起，开发出能同时应对这三项操作的 OS。

　　从保守角度思考，要同时追求这三大竞争核心，不仅会分散经营资源，还有点过于异想天开，而史蒂夫·乔布斯（Steven Jobs）却摆脱重重困境实现了这个不可能。于是乎，谷歌和亚马逊这些老牌互联网企业，在这三大竞争核心中如何获取平衡站稳脚跟，就显得尤为重要（见图 2）。

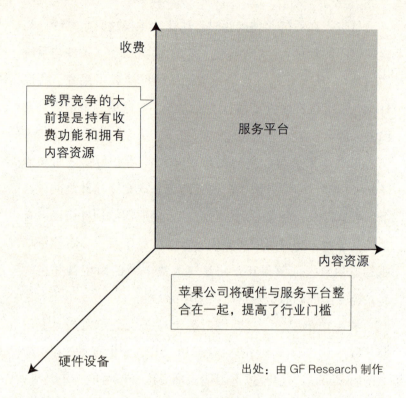

图 2 竞争领域的核心

　　而硬件设备行业对 OS 和服务平台的松动有何看法呢？拿智能机制造商举例，他们的产品开发进度不再自由，必须随着 OS 版本升级的发布随时更新硬件。

　　比如说，当谷歌给汽车安装 OS，使得汽车可以联网操作，那么汽车的舒适度和安全性将会获得大幅度的改善。如此一来，原有的汽车厂商将要何去何从？

　　决定一辆汽车附加价值的因素，从原本单一的"硬件设备",变成了网络终端的"服务平台"。而至今为止都在追求硬件品质的汽车厂商,将被卷入至今未曾体验过的风暴中。

想必最终,在"硬件"×"ICT"形成的扩大的领域中,原有的汽车厂商是不可能全都屹立不倒的。仅在 ICT 或是仅在硬件设备领域屹立不倒是行不通的,最终还是需要在这两厢竞争领域中都能存活下去。

而在这转变的大洪流中,产品又将会发生怎样的改变?

以电脑或智能机为例,当 OS 通用化之后,硬件设计中组合化零件(即标准化零件的组合)会随之增加,装配过程就会被缩短。于是,市场上将出现从事专业电子代工服务(Electronic Manufacturer Service,简称 EMS)的企业。从装配过程到零部件加工,行业领域又被迅速扩大。

由此,汽车产业的价值链必将发生变化。如果是电动的自动驾驶汽车,它可能就会像智能机一样提升零件组合化,制造过程也会相应缩短。

如果电动汽车普及化,汽车产业也会像智能机的价值链一样,变成"仅少部分厂家会供应零件,其余都用 EMS 装配"。

从结果上来看,当初智能机行业刮起的旋风在汽车的价值链里是不会爆发的。汽车与智能机的不同之处是,汽车需要通过各个国家与地区的监督机构检查其安全性的合格与否,在开发制造的过程中也多了许多规范。从这点上来看,现今的车商很有可能会继续担当研发和生产的角色。

反过来看，汽车行业本身就有许多规范，不是光有资金就可以立即投身于这个行业的。若有雄厚财力的企业想要跨界分一杯羹，就必须收购传统的汽车企业。于是这个行业又会因为新旧企业的收购而重新洗牌。

对丰田创新的"幻想"

在这一系列的产业结构变化中，丰田能够脱颖而出吗？在我看来，丰田并非固若金汤。

在日本人的心中，丰田就像制造业的行业标准，论创新的灵活度也是独一无二。可是当我们翻开数据，就不难发现这种想法其实只是日本人自己的一厢情愿而已。

且看销售利润率，它是衡量企业收益水平的指标。丰田只有 20% 左右，这在日本的制造业内并不算高。汽车产业虽规模庞大，但产业大并不等于利润高。

因此，如果日本整个国家想要进行有效的资产配置，继续将制造业作为产业中心的话，我认为汽车产业并不是一个好的选择。因为说白了，只要日本以丰田作为行业标准，那么就不可能成功转换商业模式、实现高利润率。

如果根据丰田的生产理念"Just In Time①",认为日本汽车产业的价值链十分"精益",那可就错了。确实,以丰田为代表的整车厂的库存时间很短,但如果算上材料与销售的时间,它们的价值链甚至比家用电器产品都长。

而事实上,也许"交叉"作业只能在长价值链里发挥作用。因为价值链越长,就越有时间去"改善"。

而长价值链对新进企业来说,就意味着入行门槛的提高。当下的汽车厂商利润率低且价值链长,这对新进企业来说是个很大的难题。

然而古往今来,改变竞争规则的恰恰都是掀起创新狂潮的革新家,在某个特定的时候,新进企业迈入的契机就在于"打破长价值链"。这一现象的经典案例就是从事民生机械产业的苹果公司。苹果缩短价值链,迅速回笼资金,支持企业内更进一步的开发研究和收购企业,以此扩大事业范围。

如果想要研发出一台新型的汽车,首要大事想必就是切断这条价值链吧。现今的汽车产业都依赖长价值链来维持运营,还能做到维持旧的竞争规则吗?或者,被革新家斩断价值链,使得在该领域内的心血与地位都付诸东流?是了,如今的汽车产业已站在这个选择的当口。

---

① 准时制生产方式。指建立在力求消除一切浪费、不断提高生产率的基础上的一种生产理念。

自动驾驶汽车是一场世界异种格斗技大赛，
而日本只有丰田

　　在美国，不仅谷歌在推进自动驾驶汽车的确认测试，那些现有的汽车厂商也在各自行动。而自动驾驶系统会鹿死谁手，也不仅限于现下的这些企业。因为当自动驾驶汽车普及，社会制度会受到强烈的冲击（见图3）。

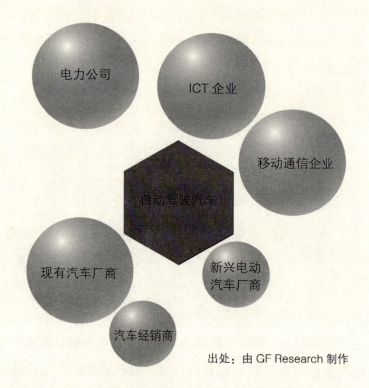

出处：由 GF Research 制作

图 3　参与"世界异种格斗技大赛"的主要竞争企业类型

　　例如，总部设于美国硅谷的年轻企业特斯拉汽车公司（以下简称特斯拉）——它主要制造并销售电动汽车，对自动驾驶也颇感兴趣。说起来，特斯拉那座位于加利福尼亚的工厂，前身是丰田与通用汽车公司（General Motors Company，以下简称 GM）的合并企业——新联合汽车制造公司（New United Motor Manufacturing Inc，以下简称 NUMMI）的工厂，其中运用了丰田的最尖端制造技术。

因特斯拉不制造汽油汽车，自动驾驶汽车基于电动汽车的话，就没有需要缩减的业务。因此特斯拉的起跑点十分有利。如果特斯拉能像以世界为舞台占据智能机市场的苹果公司一样，把硬件与服务平台整合在一起，那不仅是在电动汽车市场，甚至在自动驾驶汽车市场，特斯拉也能拥有很大的市场占有率。

更进一步说，如果自动驾驶汽车能随时通过移动通信系统接通网络，那通信行业也将会成为重要的竞争者之一。日本的软件银行集团（Softbank，以下简称软银）之所以购买美国的移动通信企业美国斯普林特公司（Sprint，以下简称斯普林特），也正是因为看中了移动通信行业能销售自动驾驶汽车这一点吧？如果这个假设成立，软银将会拥有比手机、智能机事业更为广阔的未来。

假设将自动驾驶汽车的驱动平台改成电动动力源，随之发生改变的将是能源公司。因为没有了汽油汽车，也就不需要加油站，连石油公司的商业模式也会不得不发生变化。如果要转换为与原有模式接近的模式，大概是扩充提供氢的加氢站吧。如果是电动汽车，亦可以尝试直接从电力公司供电的商业模式。就好比现今由移动通信行业销售智能机一般，未来或许能由电力公司销售电动汽车。

还有那些至今未获得充分重视的汽车经销商，也许都可能成为那个新时代的主角。而实际上，比尔·盖茨（Bill Gates）私人拥有美国第一大汽车经销商车之国公司（AutoNation）的股权；举世闻名的投资家沃伦·巴菲特（Warren Buffett）收购了业内排名第6位的范图尔集团（VanTuyl Group），可见汽车经销商们的重要性也在慢慢浮出水面。

另外，如果自动驾驶汽车的平台是电动汽车，那么经销商们也可能作为供电系统活跃于这个市场。

这样看来，如果想参与自动驾驶系统，无论哪个行业的竞争企业，都拥有强有力的接触点。自动驾驶系统对社会制度的冲击越大，就越能带动各行各业的竞争企业的参与，乍一看，不正如一场"世界异种格斗技大赛"？

届时最关键的问题就在于：想要推进自动驾驶系统，就必须连带将它的公共服务设施都一同考虑进去。

我们将来所要面对的，不是传统汽车产业的"一次性买卖"模式，而是"牵一发而动全身"。将这一事业领域展开来看，连城市设计都必须随之改变。

对于开发、建设一座城市来说，它设定的时间轴不是两三年，最短也需要以十年为基准展开设计，也因此它需要"长期的资金筹措"来配合推进。于是这笔筹措资金，就来源于以往的存储——股东权益与今后的现金流。

从这个角度来看，能与世界上主要的大企业抗衡的日本企业只有丰田。如果丰田无法在自动驾驶系统领域站稳脚跟，不仅日本制造业在创新上的附加价值会变成零，连至今为止吸收劳动力的产业都会相继流失，造成无法挽回的局面。

Google

vs

第一章
谷歌并非只是搜索引擎，它的最终目标是？

汽车产业正处于竞争规则变更的前夜

究竟自动驾驶汽车能否改变汽车产业的竞争规则？

被称为 ICT 企业大鳄的谷歌，不久之前人们都不会把它与汽车行业画上等号，而今，它的投石问路之举震惊世界。谷歌的目的究竟为何？它在汽车产业里欲何作为？

细数汽车产业的历史不难发现，自动驾驶汽车并不是横空出世的。如今展现在我们眼前的成果，经过了 20 年之久的技术积累与准备。

自动驾驶技术的先锋、美国国防部先进研究项目局（Defense Advanced Research Projects Agency，以下简称DARPA）分别于 2004 年、2005 年与 2007 年三年，主办了全美越野机器人大挑战。其中在 2007 年的第三届比赛中，选择的场地是封闭的空军基地，并模拟城市街道设置了总长约 96 公里的路线，预计在 6 小时以内走完全程。[①]

图 1-1 是该领域中，日本、美国、欧盟的尖端科技项目。

虽不是追求完美的自动驾驶技术，但不难发现，用货车领跑来检验自动列队行驶的项目已经启动。起初启动的目的是节约能耗和人工成本。任谁都没有想到的是，欧洲也紧跟其后，瞄准了自动驾驶继而开始了辅助驾驶的项目。项目 HAVE-it 于第三届 DARPA 的次年、2008 年正式启动。

从 20 世纪 90 年代中期的货车自动列队行驶项目 "Chauffer" 至今，自动驾驶技术已经有了近 20 年的实践经验。

谷歌的自动驾驶汽车的根本，正是那些项目和研究开发。所以今后如果把自动驾驶汽车的程序视为创新的话，也并非谷歌所原创。谷歌作为系统设计家，有充足的资金做开发研究，又在企业并购（Mergers and Acquisitions，以下简称 M&A）、ICT 领域占得领先优势，再配合技术，多项结合才有能力设计全新的公共服务设施系统。

---

① 日本专业类汽车杂志：*Motor Fan illustrated*，第 86 期，第 69 页。——作者注

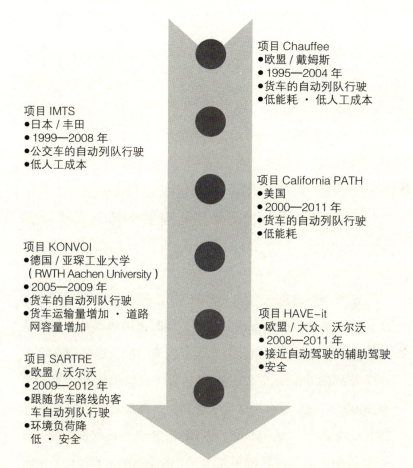

项目 Chauffee
- 欧盟 / 戴姆斯
- 1995—2004 年
- 货车的自动列队行驶
- 低能耗 · 低人工成本

项目 IMTS
- 日本 / 丰田
- 1999—2008 年
- 公交车的自动列队行驶
- 低人工成本

项目 California PATH
- 美国
- 2000—2011 年
- 货车的自动列队行驶
- 低能耗

项目 KONVOI
- 德国 / 亚琛工业大学
  （RWTH Aachen University）
- 2005—2009 年
- 货车的自动列队行驶
- 货车运输量增加 · 道路
  网容量增加

项目 HAVE-it
- 欧盟 / 大众、沃尔沃
- 2008—2011 年
- 接近自动驾驶的辅助驾驶
- 安全

项目 SARTRE
- 欧盟 / 沃尔沃
- 2009—2012 年
- 跟随货车路线的客
  车自动列队行驶
- 环境负荷降
  低 · 安全

出处：根据《自动驾驶系统——课题与展望》（津川定之著，NEDO 出版
2013 年发行），由 GF Research 制作

图 1-1 关于辅助驾驶与自动驾驶的尖端科技项目

连克里斯坦森都预估错了 iPhone 的破坏力

正所谓"冰冻三尺非一日之寒"，革新也绝非一日可成功，我们来看智能机市场的例子，同时来回顾革新所需的条件，除了组合个别要素，公共服务设施的配备也是必需的。

苹果的 iPhone 定义了我们对现代智能机的概念。而早在 2000 年，已经出现了智能机这个说法。1999 年，NTT DOCOMO ①公司的 iMode ②和 RIM③公司［制造并销售了占据最早期智能机市场的系列手机"黑莓（BlackBerry）"］就已经能在手机上发邮件了。但当时它的定义只是如今我们描

---

① 日本的电信公司，日本最大的移动通信运营商。
② 日本 NTT DOCOMO 于 1999 年 2 月推出的无线互联网服务，可以使用移动电话访问 Internet 的 Web 服务器办理银行存款、查询餐馆菜单以及检索主页等。
③ 加拿大 RIM 公司，全称 Research in Motion。

绘的智能机的冰山一角。

　　苹果能给智能机下定义不仅是因为它的硬件，更是因为自制系统。它是趋于完美的垂直综合型智能系统[①]，除了需要外购内容资源与程序（App）之外，数据中心运用、iTunes 和 App Store 等服务平台，综合了中央处理器（CPU）、图形处理器（GPU）的设计片上系统[②]（SoC）的设计，乃至硬件都由公司自行制造。

　　另一方面，紧随 iPhone 步伐，谷歌也发布了自己的安卓系统。安卓手机的特点是它是开放源码与组合模式智能机。谷歌着手设计的硬件虽然只有一部分，例如 Nexus 系列，但它和苹果一样，做到了数据中心运用和服务平台 Google Play 由谷歌自行运营。从这点上来看，安卓系统其实也称得上垂直综合型智能系统。

　　iPhone 发布于 2007 年。现下我们所见所用的苹果或安卓机，从完成到使用，从表面上来看还不超过 7 年。

　　而实际上，iPhone 却不是横空出世于 2007 年，它的原型 iPod 和 iTunes 发布于 2001 年。正是因为有了这两项发明，才有了 iPhone 的用户界面，才有了触屏和图标，还可以利用 iTunes 平台下载资源并付费。

[①] 垂直综合型是指由生产商提供硬件和软件成品，软硬件的组合已经调整到了最合适的状态。

[②] 指在单个芯片上集成一个完整的系统。

我们再来看图 1-2，不难发现除了硬件的惊艳效果和上网利用内容资源的便利性，起先 iPhone 的销路并不旺。在 2007年，全球移动通信系统还是以 2 代（2G）为主。因此当时的通信公共服务设施并不能支持它发挥出全部功能。即便是 iPhone，

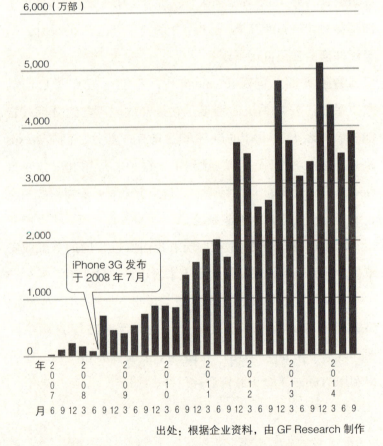

出处：根据企业资料，由 GF Research 制作

图 1-2　iPhone 各季度的销售额变化数据

也只能干等所有公共服务设施的完善。如图 1-2 所示，苹果于 2008 年 7 月发布了第 3 代（3G）移动通信系统 iPhone 3G，随着 3G 移动通信系统在世界范围内迅速普及，销售量不断创新高。

所以想要实现革新，除了需要"革新家本身磨炼技术、不断努力"之外，"作为外部因素的公共服务设施环境"也起着决定性作用。

把话题转回汽车，谷歌如今的状态正是等着自动驾驶的公共服务设施的完善。

很多汽车行业的专业人士预测，将来汽油汽车的劲敌在目前看来并不会是电动汽车和燃料电池汽车，他们认为，要想普及这两款汽车还需准备更多。

但另一方面，专家有时也会判断失误。著有《创新者的窘境》、《创新者的解答》的哈佛商学院教授克莱顿·克里斯坦森（Clayton M. Christensen），在 2007 年当 iPhone 出现在世人的面前时，说过这样的话：

> "就我的看法，苹果在 iPhone 上不会有所成就。他们只是想引起行业内的其他商家之间的恶意竞争罢了。所以那不能说是具有破坏力。只要回顾移动通信发展史，就能知道苹果的成功率很低。①"

---

① http://www.businessweek.com/stories/2007-06-15/clayton-christensens-innovationbrainbusinessweek-business-news-stock-market-and-financial-advice
——作者注

连革新的"导师"都看错了革新的契机。所以，从日本汽车产业的业内人士对电动汽车和燃料电池汽车那冷淡的态度中，就不难看出，是他们在汽油汽车上的成功经验以及对行业的熟悉，才使得他们对新型汽车有种莫名的轻视。

克里斯坦森在 iPhone 发迹之后这样说道：

> "我有两件事没有预估到。第一，iPhone 对内是封闭式的，是苹果独有的系统。而对外则是开放式的，吸收各种 App。而诺基亚（Nokia）和 RIM 对外则是封闭式的。因此他们相继落马，最终苹果一举成功。第二，谷歌发布了安卓系统。谷歌按照定义，是彻头彻尾的开放式组合化装置。于是摩托罗拉（Motorola）、三星（SAMSUNG）、LG 都使用了安卓系统，这使得安卓系统的市场占有率高达80%。从这个角度来说，可以说我的预测错了，也可以说我预测正确。"

然而，克里斯坦森的说明还有欠缺。

如果把判断革新的基准定在"市场占有率的大小"，那么他确实是正确的。但是苹果胜在业绩。请看图 1-3，这是苹果与谷歌的销售额与营业利润（欧美企业称之为 operating income）的变化图。在 iPhone 上市之后，苹果的业绩一次都未曾落后于谷歌。

重点是，苹果将硬件和服务平台融会贯通，提供了一种全新的客户体验。苹果让我们再次领略到，硬件才是与客户

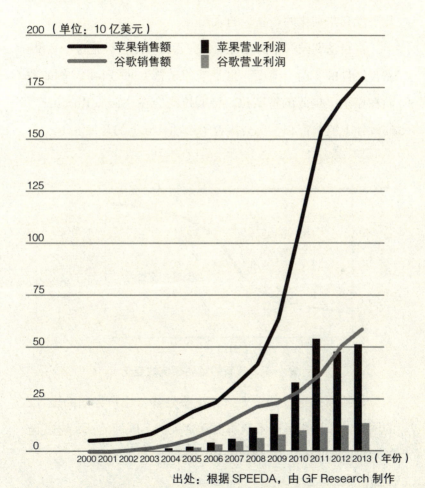

出处：根据 SPEEDA，由 GF Research 制作

图 1-3　苹果与谷歌的销售额与营业利润

最重要的接触点，而服务平台会决定硬件的使用是否方便，并且它也改变了我们的固有观念。苹果改变了我们以往对硬件已经商品化（即功能、品质和设计都被普及化、均一化，几乎没有差别化的产品）的认知。

当自动驾驶汽车快速普及，完善公共服务设施自不必说，完善硬件的"用户界面"也是当务之急（见图 1-4）。例如我们在序章里提起的特斯拉。特斯拉既会在"Tesla Roadster①"的设计上煞费苦心，也会执着于自动驾驶上的开发。

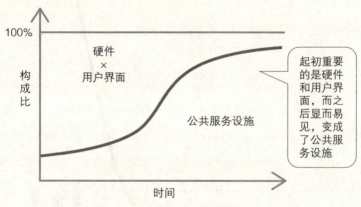

图 1-4　革新的重要领域的变化

像特斯拉这样的企业，在注重硬件与用户界面的设计，的同时，如果能运用系统将自动驾驶汽车联网的话，它就能像苹果的 iPhone 一样建立新模式。

---

① 全球首款量产版电动敞篷跑车，是第一辆使用锂电池技术每次充电能够行驶 320 公里以上的电动车。

汽车产业的"战场"已经在发生变化

谷歌会将汽车产业的竞争领域带向何处？

事实上，我认为谷歌构想的汽车世界并不能一蹴而就。让我们来看看这个"战场"将会如何改变吧。

长久以来，汽车产业的竞争领域都发生在"燃油效率"与"环境规制应对"这两块。

汽油汽车在发动机性能方面的竞争仍在持续。丰田的普锐斯（prius）也是汽油和电动的混合汽车，它的关键就在于以技术支撑改善燃油效率和应对环境规制。另外，以小型汽车为首，正在逐步导入的停车熄火系统也是同样的情况。

这些以燃油效率和环境规制应对为主要课题的竞争领域，已经逐渐转向了新课题——"怎样通过技术确保汽车的安全性"。

图 1-5 能说明这一变化。

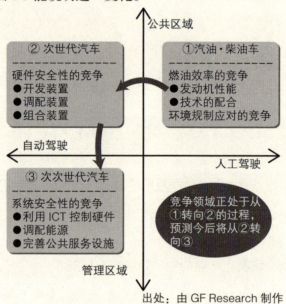

图 1-5 汽车产业的竞争领域的转变

图 1-5 中，横轴表示的是究竟是谁在控制汽车。答案是处于相反两端的人工驾驶与自动驾驶。现下汽车多为人工驾驶。人们根据车况，自行判断驾驶路线。不久的将来，会通过技术辅助驾车者（高级驾驶辅助系统，Advanced Driver Assistance Systems，简称 ADAS），把重点转向自动驾驶。

纵轴说明了汽车的行车区域，毫无障碍的公共区域与有控制的管理区域。

早前开发的智能交通系统（Intelligent Transport

Systems,以下简称 ITS)和道路交通信息通信系统(Video Investigation Combat System,简称 VICS)仍旧在使用。但,现在我们还不能说道路和汽车已经联网并发挥了充分作用。事实上,汽车是开在没有联上网络的公共区域中,并不在联网的管理空间受到控制。

图 1-5 中①内,汽车厂商间的竞争规则是如何开发出节省燃油的汽车,或者是否能通过环境规制。针对这些情况,汽车厂商通过工作机械,经由切削加工的高精密度来改善发动机的性能,燃油效率也已逐步得到了改善,还改善了陶瓷触媒净化器来通过排气规制。

以发那科公司(FANUC)为首,全球范围内,就切削精度与生产性方面而言,工作机械厂商的佼佼者很多都在日本,他们对日本整车的燃油效率作出了贡献。另外,某日本化学大厂商的原首席技术官(Chief Technology Officer,简称 CTO)表示,日本的汽车配件的品质也对整车的竞争力作出了巨大的贡献。汽车配件大多来自日本化学品供应商对于材料的技术性开发。因此日本整车的品质无论是材料的研究开发,还是在价值链上的良苦用心,都是确保竞争优势的关键。

然而,这些要素只能确保过去汽车厂商的领先地位,燃油效率和环境规制应对的竞争领域(图 1-5 的①)在逐渐向新方向域靠拢。

如何确保硬件的安全性?

今后将会愈演愈烈的竞争,领域将从现今的"如何保护驾车者的安全"扩大到"如何确保行人的安全"(见图 1-5 的②)。

确保行人的安全这点,是汽车产业长久以来的夙愿[1]。

从主动安全性(防止汽车或减少道路交通事故发生的性能)方面考虑,随着汽车安全性的提升,目前已经同时能给予行人安全保障。事实上在日本,交通事故的件数与死伤者的数量都在逐渐减少,请看图 1-6[2]。这不仅因为防抱死制动系统(Antilock Brake System,简称 ABS)[3]等安全技术,还

[1] 宇沢弘文《汽车的社会性费用》(岩波新书出版社)第 7 页,是 20 世纪 70 年代的话题,书中提到:"人们在畅通安全的城市道路上行走,连乡村小道都寸步难行的国家,还能被称为文明国家吗?"——作者注
[2] 日本汽车工业协会:《从数表看汽车行业 2013 年》——作者注
[3] 该系统的作用主要是避免车辆紧急刹车时方向失控及车轮侧滑。

有安全带的使用率上升、酒后驾驶的规制加强等，都起到了重要的作用。

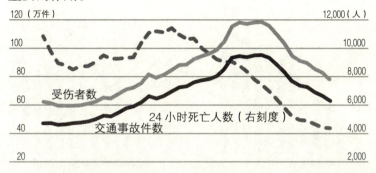

出处：根据日本警视厅和日本汽车商协会的资料，由 GF Research 制作

图 1-6　交通事故的件数与死伤人数的变化情况

另一方面，类似驾车者在主动安全性方面的误操作导致事故发生的报道仍然不断出现。随着日本老龄化的加剧，驾车者的年龄段也在发生改变，这表示今后引发交通事故的原因也会随之改变。

不止日本，其他国家的驾车者年龄段也在改变。在美国的"婴儿潮世代①"出生的人即将面临退休，高龄驾车者数量的增加在所难免。对于发达国家来说，驾车者的老龄化也许会成为他们想要普及汽车时所遇到的共同难题（见图 1-7）。

在驾车者中，想必有因为年事已高而归还驾照的人，也

① 发生于"二战"之后的 1946—1964 年间。当时，美国共有 7590 多万婴儿出生，约占美国目前总人口的 1/3，创造了美国史无前例的生育高峰。

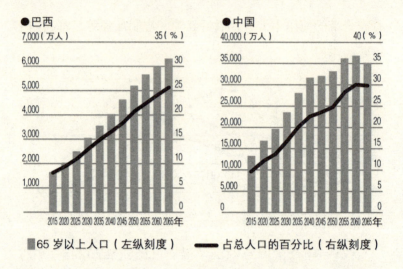

●巴西

●中国

■65 岁以上人口（左纵刻度）　　━━占总人口的百分比（右纵刻度）

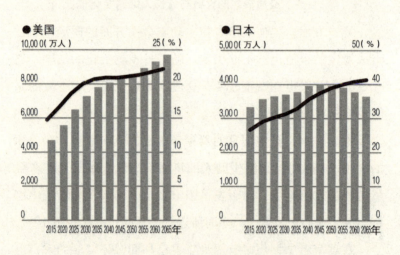

●美国

●日本

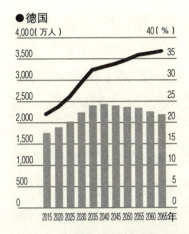

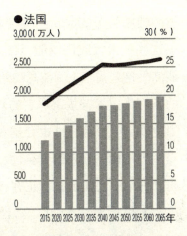

　　条形统计图所示为各个国家 65 岁以上的人口，折线统计图所示为占其总人口的百分比。

　　无论是先进国家还是新兴国家，全世界都在面临老龄化。至 2040 年，各个国家 65 岁以上的人口都会增长。

出处：根据联合国的数据，由 GF Research 制作

图 1-7　65 岁以上的人口及其百分比的变化情况（2015—2065 年）

会有不想驾车的人吧。原先稳定持久的客户却突然流失了，市场缩水，这让汽车产业如坐针毡。因此活用技术提高汽车安全性，对汽车产业来说是必须跨过去的坎。

　　比如，富士重工旗下的汽车制造公司斯巴鲁（SUBARU），它的"防事故技术"——行车主动安全辅助系统（EyeSight）如今已经进入了普及阶段，同样的还有预碰撞安全系统（Pre-Collision System，简称 PCS）①。最近这一

---

① 能自动探测前方障碍物，测算出发生碰撞的可能性。

类的辅助驾车技术或自动驾驶技术的程序开始变多，如果有了这些技术，或许就能抓住"也许前途堪忧的市场"。如果能满足这些需求（例如高龄驾车者）与供给（自动驾驶汽车）的条件是技术背景，那它的规模越扩大，给市场带来的冲击力也就越大，持续性也会越久。

为了确保硬件的安全性，现下特别是针对汽车上"眼睛"与"耳朵"功能的技术正在日渐提升。

不仅仅是日本，以美国德尔福公司（Delphi Automotive PLC）、德国大陆集团（Continental AG）、瑞典奥托立夫公司（Autoliv）为首的欧美汽车配件厂，也正专心致力于 PCS 的研发。御眼（Mobileye）公司的总部位于荷兰，它在以色列研发图像识别半导体芯片，在美国成功上市，这一上市也标志着该产业正在稳步盘升。

此外，为了兼并和安全性有关的业务，汽车配件供应商之间也开始盛行 M&A。我们所说的"传动系"指的是由发动机发出的驱动力，经由变速器传给驱动车轮的系统装置。这方面的佼佼者德国的汽车配件供应商德国采埃孚股份公司（ZF Friedrichshafen A，简称 ZF）发布了收购美国天合汽车集团（TRW Automotive Holdings Corp，简称 TRW）的消息[1]，TRW 拥有气囊等安全技术。目前，新公司的销售额已

---

[1] http://www.zf.com/corporate/en/press/press_releases/press_releases.jsp ——作者注

达 410 亿美元。

今后，当汽车产业的竞争领域转向"如何用技术来确保安全性问题"，ZF 的所有成就都将取决于他做出的正确判断，那些如有神助的业务组合。[①]

让我们再回头看图 1-5 的②（次世代汽车）领域内的竞争规则。在这一代车之间，竞争的关键在于"作为硬件如何确保安全性"。因此，想要在这方面参与汽车产业竞争，就只有两条路。

第一条路，已经是汽车配件供应商的企业，其做法是以技术作为背景，在企业内部研究开发应用以确保安全性。另一条路，如果是内部缺少安全性相关业务的企业，只能收购持有安全性技术、作为汽车配件供应商已经取得实际成绩的企业。

如果既没有安全性相关技术，又没有资金收购持有技术的企业，说一句残酷的话，其生存之道想来岌岌可危吧。

在竞争领域转变之际，就会出现一些人去改变迄今为止的竞争规则，把握霸权。他们就是所谓的革新家。

过去曾有一例，电视机从模拟电视向数字电视转变时，日本的电视机供应商被韩国供应商夺去了竞争优势。[②]同理

---

① 大公司赖以生存的各战略事业单元的组合。
② 泉田良辅：《是什么决定了日本电力产业内的胜负？》，日本经济新闻出版社 2013 年版，第 34—36 页。——作者注

移动手机也是，iPhone 就是典型的例子。它利用"第三代移动通信系统（3G）的普及"和"网络终端的服务平台"的相乘效果扩大了市场份额。

如前述，特斯拉的共同创业家兼首席执行官（CEO）埃隆·马斯克（Elon Musk）就是一名不折不扣的革新家。马斯克认为次世代汽车的关键，就在于①电动汽车与②自动驾驶的配合上。

马斯克专注于使电动汽车得到普及，这可能是因为电动汽车延伸出的应用之一就是自动驾驶吧，因为自动驾驶能够立刻解决汽车安全性的问题。

很可惜的是，原本应在普及电动汽车前先普及的公共服务设施还没有跟上步伐，于是他正计划根据现有的公路完善电动汽车。

作为硬件的宿命，它们虽然会在发表初期掀起以技术为主的竞争风，一时备受关注，但最终仍会陷入价格竞争。

埃隆·马斯克已经针对自动驾驶的所需成本进行了探讨，仅凭这一点就能了解他对自动汽车普及的野心。事实上，他还针对特斯拉与谷歌的系统发表了如下看法：

　　"与谷歌方面，眼下探讨的问题是传感器系统的造价过于昂贵。如果搭载图像处理类系统会更好。因为只要摄像头自带算法，能够识别障碍物，那就能分析判断出当下的情况了。"①

另外，针对谷歌的技术，埃隆·马斯克还做出了如下看法：

"我司团队与谷歌团队，就激光雷达（Light Detection & Ranging=LIDAR）方面发生了多次技术层面上的争论，谷歌增加费用的方法可能行不通。"②

马斯克强调："自动驾驶系统必须基于摄像头，而非基于激光雷达。"现各家企业就着眼于哪项技术这一问题上，产生了互不相让的局面。另一方面，取摄像头抑或是取激光雷达，其对策也取决于这项决定，但在将来，特斯拉也可能与谷歌联手。

无论怎样，现状就是连自动驾驶的基础技术也尚未被定夺，亦就是说，在成本这个问题上也还是个未知数。这样一想，汽车产业才刚刚闯入图 1-5 ②的领域。

---

① http://www.bloomberg.com/news/2013-05-07/tesla-ceo-talking-with-google -about-autopilotsystems.html ——作者注
② http://www.bloomberg.com/news/2013-05-07/tesla-ceo-talking-with-google -about-autopilotsystems.html ——作者注

"自动驾驶"分为两类

行文至此,一直未对"自动驾驶"的实质做严格划分。但实际上,特斯拉与谷歌对"自动驾驶"的定义截然不同。

特斯拉所谓的自动驾驶是指"autopilot(自动导航)",而谷歌的自动驾驶是指"self-driving(无人驾驶)"。

那么,这两者之间有何区别呢? 埃隆·马斯克声称:

> "我喜欢自动导航这个字眼胜过无人驾驶,无人驾驶听起来像是让你们去做一件你们不情愿做的事。而自动导航在飞机上也应用良好,我们应该将它用于汽车。"①

---

① http://www.forbes.com/sites/ericmack/2014/02/19/elon-musk-tesla-will-be-first-with-autonomous-driving-admits-to-apple-meeting/——作者注

请想象飞机上飞行员的动作。特斯拉的当前目标，基于驾车者始终是主体，即使是自动驾驶时代，驾车者也是作为主体操控驾驶汽车。

另外，就技术层面，埃隆·马斯克与谷歌对话之后表示，"无人驾驶"的主体已经从驾车者转移到了操控自动驾驶的运营者身上。并且，这个操控者就是谷歌本身。

让我们再确认一次美国高速公路安全管理局（National Highway Traffic Safety Administration，简称NHTSA）的自动驾驶（Automated Driving）的定义吧。从图1-8来看，特斯拉的目标应该是等级3，而谷歌应该是等级4吧。因此很自然，特斯拉与谷歌会在技术与设计想法方面出现差异。把谷歌的自动驾驶汽车计划用图1-5来解释的话，谷歌正积极地将竞争领域从②次世代汽车转向③次次世代汽车。

在②里，原先的竞争领域在于汽车单独的安全性，之后由于网络的介入，ICT扩大了竞争领域。于是竞争就从硬件转向了系统。

②中主要的竞争车商很有可能是现有的汽车厂商。另一方面，③的竞争领域包括联网监制和确保自动驾驶系统的安全性。而在这个领域里，现有的汽车厂商是否能像在①、②领域里那样保全优势呢？这是个疑问。

如果ICT得到充分利用，自动驾驶系统获得运用的话，用户界面就能体现出汽车使用的方便与否，同时也能决定用

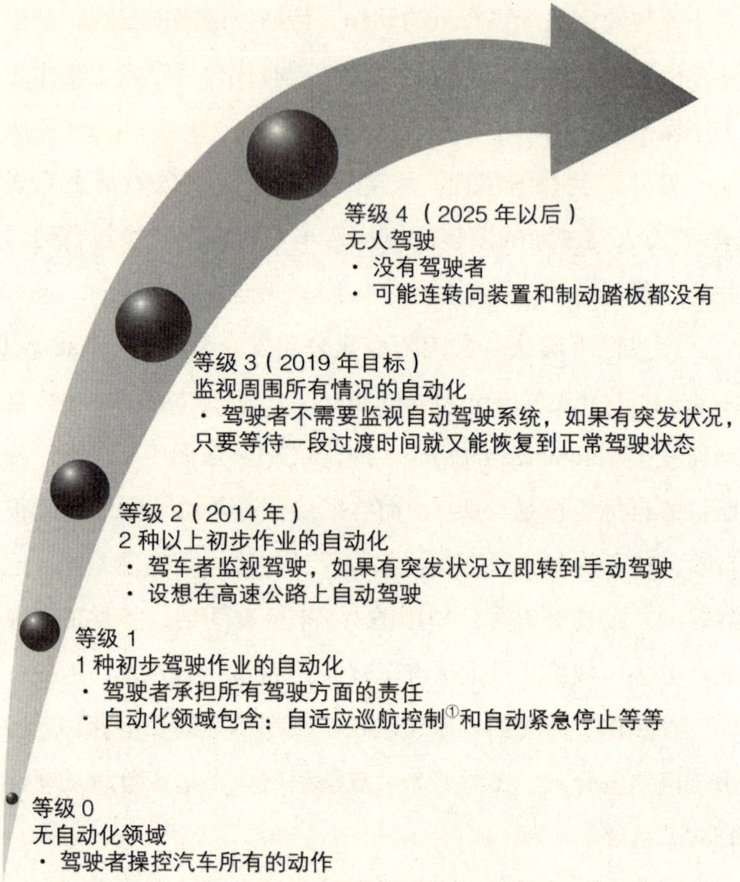

等级 4（2025 年以后）
无人驾驶
- 没有驾驶者
- 可能连转向装置和制动踏板都没有

等级 3（2019 年目标）
监视周围所有情况的自动化
- 驾驶者不需要监视自动驾驶系统，如果有突发状况，只要等待一段过渡时间就又能恢复到正常驾驶状态

等级 2（2014 年）
2 种以上初步作业的自动化
- 驾车者监视驾驶，如果有突发状况立即转到手动驾驶
- 设想在高速公路上自动驾驶

等级 1
1 种初步驾驶作业的自动化
- 驾驶者承担所有驾驶方面的责任
- 自动化领域包含：自适应巡航控制①和自动紧急停止等等

等级 0
无自动化领域
- 驾驶者操控汽车所有的动作

出处：根据奥托立夫公司 NHTSA2013，由 GF Research 制作

图 1-8　自动驾驶的定义

---

① 一种智能化的自动控制系统，从巡航控制技术发展而来，可在车辆行驶过程中与前方车辆始终保持安全距离。

户体验。就算一辆车的硬件部分燃油效率出色，能确保安全性问题，但如果没有自动驾驶系统，人们根本就不会考虑它。

对于 ICT 方面的佼佼者，如果能够运用客户对硬件的评价产生盈利，并将客户吸引到自己的服务平台，那么即便这些企业从未接触过汽车行业，也可以通过系统确立优势。这就是谷歌运用安卓系统成功打开市场的手段。

谷歌用安卓系统打开市场，离不开其他硬件厂商的支持。当年它为了应对第 3 代移动通信系统（3G），通过外部硬件零售商 HTC 发布了智能机 Nexus One。之后三星电子对安卓系统迅速占领市场提供了巨大的帮助，但"安卓智能机"的雏形，是谷歌和外部硬件供应商 HTC 共同开发的。

而谷歌的"无人驾驶汽车"的雏形是丰田普锐斯和雷克萨斯 RX。谷歌会运用丰田来销售自动驾驶汽车吗？

谷歌创始人拉里·佩奇（Lawrence Edward Page）与谢尔盖·布林（Sergey Brin）在 2010 年投资了上市前的特斯拉，从这一点来看，特斯拉似乎被他们看好，而实际上并没有那么简单。

想必埃隆·马斯克也预想过搭载系统的汽车时代，但他认为搭载安卓系统还为时过早[1]。苹果与整车厂已经合作了很多年，但还是在 2013 年宣布，现状是要将 iOS 装入汽车

---

[1] http://www.forbes.com/sites/ericmack/2014/02/19/elon-musk-tesla-will-be-first-with-autonomous-driving-admits-to-apple-meeting/ ——作者注

还是有一定的难度。

　　这样看来，谷歌想要再创安卓机的辉煌想必还需要时间，并且谷歌想要的远景与特斯拉及现有的整车厂所想要的远景也不相同。

从谷歌的企业并购看未来预想图

谷歌的 M&A 始于手机系统安卓和视频网站 YouTube，并且看上去卓有成效。在充足资金的背景下，谷歌会如何通过 M&A 转型?

我们通常可以通过一个企业的 M&A，来了解该企业内部高管的想法。谷歌想通过 M&A 创造出一个怎样的世界呢? 就让我们跟着谷歌的 M&A 历史，窥视一下它的未来。

请看表 1-1，表中总结了至今为止谷歌的收购情况。对收购企业名、行业、时间，以及明示的收购价格都有一一罗列。

表 1-1　谷歌过去的 M&A

观察·发布日期	收购企业与服务	行业分类	收购价格（百万美元）
2005/8/18	Android	移动设备操作系统	
2006/1/17	dMarc Broadcasting	网络广告	1238
2006/10/9	YouTube	视频分享网站	1650
2007/4/13	DoubleClick	网络广告	3100
2007/7/9	Postini	垃圾邮件过滤	625
2009/9/16	reCAPTCHA	安全分析	
2009/11/9	Gizmo5	IP 电话	30
2009/11/9	Admob	手机广告	750
2009/11/23	Teracent	网络广告	
2009/12/4	App Jet	实时协作编辑器	
2010/1/7	On2	视频压缩	125
2010/2/11	Aardvark	社会化搜索	50
2010/2/17	reMail	电子邮箱搜索	
2010/3/1	Picnik	图像编辑	
2010/3/5	DocVerse25	微软插件	
2010/4/2	Episodic	视频系统平台	
2010/4/12	Plink	移动设备可视化搜索引擎	
2010/4/21	Angnilux	服务器	
2010/4/26	Labpixies	娱乐程序工具	
2010/4/30	Bump Top	3D 桌面环境	45
2010/5/20	Simplify Media	音乐同步	
2010/6/2	Invite Media	网络广告、实时广告竞拍	70
2010/7/1	ITA Software	航班信息	700
2010/7/16	Metaweb	语义检索	
2010/8/5	Instantiations	Java/Ajax 开发工具	
2010/8/6	Slide	社交游戏	182
2010/8/9	Jambool	虚拟货币	75

续表

观察·发布日期	收购企业与服务	行业分类	收购价格（百万美元）
2010/8/23	Like.com	可视化搜索引擎	100
2010/8/27	Angstro	SNS	
2010/8/30	SocialDeck	社交游戏	
2010/9/14	Quicksee	网络视频	12
2010/9/28	Plannr	日程管理	
2010/10/1	BlindType	触屏输入	
2010/12/3	Widevine Technologies	数字版权管理	
2010/12/3	Phonetic Arts	语音合成	
2010/12/13	Zetawire	移动支付	
2011/1/17	eBook Technologies	电子书	
2011/1/25	SayNow	语音信息	
2011/3/1	Zynamics	安全分析	
2011/3/7	BeatThatQuote.com	价格比较	61
2011/4/7	Solarpark Brandenburg	太阳能发电	
2011/4/8	PushLife	移动音乐以及娱乐平台	25
2011/4/25	Talkbin	客户反馈平台	
2011/6/3	PostRank	社会化媒体分析服务	
2011/6/9	Admeld	网络广告	400
2011/6/20	SageTV	家庭影院软件	
2011/7/11	Punchd Labs	数字会员卡	10
2011/7/21	The Fridge	SNS	
2011/7/22	PittPatt	人脸识别	
2011/8/1	The DealMap	团购	
2011/8/15	Motorola	移动设备制造	12500
2011/9/2	Zave Networks	团购	

续表

观察·发布 日期	收购企业 与服务	行业分类	收购价格 （百万美元）
2011/9/8	Zagat	餐厅点评	
2011/9/19	DailyDeal	团购	
2011/10/10	SocialGrapple	社会化媒体分析服务	
2011/11/10	Apture	搜索	
2011/11/10	Katango	SNS	
2011/12/13	Clever Sense	SNS	
2012/1/1	WIMM Labs	智能手表	
2012/4/2	TxVia	在线支付	
2012/6/4	Meebo	即时通讯	
2012/6/5	Quickoffice	移动办公应用	
2012/7/20	Sparrow	邮箱应用	
2012/7/31	Wildfire Interactive	社会化媒体营销	250
2012/8/13	John Wiley & Sons Inc.'s travel assets	旅游攻略	
2012/9/7	VirusTotal	网络安全	
2012/9/17	Nik Software	照片编辑	
2012/10/1	Viewdle	面部、手势辨识	45
2012/11/30	Bufferbox	储物箱	17
2013/2/6	Channel Intelligence	电子商务	125
2013/3/12	DNNresearch	神经网络	
2013/3/15	Talaria Technologies	云计算	
2013/4/12	Behavio	数据分析	
2013/4/23	Waii	自然语意处理	30
2013/5/22	Makani Power	风力涡轮发电	
2013/6/11	Waze	社交地图	1030
2013/9/16	Bump	手机内容分享应用	60

续表

观察·发布日期	收购企业与服务	行业分类	收购价格（百万美元）
2013/10/2	SCHAFT	机器人	
2013/10/2	Flutter	手势识别技术	40
2013/12/4	Autofuss Bot & Dolly LLC Holomni LLC Industrial Perception Inc. Meka Robotics LLC Redwood Robotics	机器人	
2013/12/14	Boston Dynamics	机器人	
2014/1/5	Bitspin	时钟应用程序	
2014/1/13	Nest Labs	智能家居	3200
2014/1/15	Impermium	网络安全	
2014/1/26	DeepMind	AI	400
2014/2/16	SlickLogin	网络安全	
2014/2/21	Spider.io	网络广告	
2014/4/14	Titan Aerospace	无人载具	60
2014/5/2	Rangespan	电子商务	
2014/5/6	Adometry	网络广告	
2014/5/7	MyEnergy	线上能源监视	
2014/5/7	Appetas	餐厅网站建置	
2014/5/7	Stackdriver	云端运算	
2014/5/16	Quest Visual	实境增强	
2014/5/19	Divide	装置管理员	
2014/6/10	Skybox Imaging	卫星	500
2014/6/12	Alpental Technologies	无线技术	

续表

观察・发布日期	收购企业与服务	行业分类	收购价格（百万美元）
2014/6/19	mDialog	网络广告	
2014/6/20	Dropcam	居家监控	
2014/6/25	Appurify	显卡兼容测试	
2014/7/1	Songza	音乐串流	15
2014/7/23	drawElements	移动 3D 图像	
2014/8/6	Directr	移动影片	
2014/8/6	Emu	即时通讯	
2014/8/15	Jetpac	图像识别	
2014/8/22	Gecko Design	工业设计	
2014/8/26	Zync	视觉效果	
2014/9/10	Lift Labs	医疗辅助器材	
2014/9/11	Polar	投票系统	
2014/10/21	Firebase	数据同步	
2014/10/23	Revolv	智能家居	
2014/10/23	Dark Blue Labs	AI	
2014/10/23	Vision FactoryI	AI	

出处：根据 SPEEDA，由 GF Research 制作

　　谷歌最早收购的是研究机器人的年轻企业，出自东京大学的 SCHAFT 公司。最近收购的则都是硬件企业。虽然谷歌是互联网广告企业，但也同时进行着多项研发工作。有搭载安卓系统的智能机 "Nexus 系列"，有搭载 Chrome OS[1]的 "Chrome book[2]"，还在运用无人驾驶汽车的雏形进行无人驾驶的研发。

---

① 谷歌开发的一款基于 Linux 的开源操作系统。初期定位于上网本和低成本电脑。
② 谷歌推出的网络笔记本。搭载 Chrome OS。号称 "完全在线"。

谷歌的 M&A 从 2012 年开始有所转变。简单来说，它避开了社交领域的竞争，把目光转向了"公共服务设施"。到 2011 年为止，谷歌的收购方向一直定位于直接强化社交领域或活用该领域的内容资源，而从 2011 年开始，它的重心从服务转向技术，针对技术的收购开始增加。

在社交领域，谷歌的社交网站服务"Google +"正式在 2011 年上线。另一方面，社交网络服务网站 Facebook 在 2012 年 5 月 18 日上市。

谷歌为了对抗 Facebook，活用过去社交领域留下的资源创造出了"Google +"，但还是没有把 Facebook 逼向绝境。虽多次收购相关的社交网站（Social Networking Services，简称 SNS），但都没有反击成功。

其实我们从谷歌的商业模式考虑就会发现，它与用户之间的接触远远不如与企业的接触来得多。谷歌的事业基于它的搜索引擎，根据技术（广告技术）决定广告投稿商及客户的费用和呈现效果。也就说，技术直接带动利润。

既然谷歌与企业之间保持着的 B2B 关系具有竞争优势，从这方面的资源着手也理所当然。谷歌活用企业内的 ICT 公共服务设施，推出了谷歌云平台，继而积极推广 Google App Engine（基于谷歌云服务器的网络应用程序），这一发展水到渠成。

另一方面，谷歌的用户们越觉得搜索结果接近自己的要求，就越会产生满足感。这个结果基于谷歌的技术。虽然用户界面也很重要，但"搜索结果的精确性"更直指核心。因为即使用户界面十分出彩，如果搜索结果不理想，谷歌还是会渐渐失去客户群。

与其说谷歌是通过改进用户界面来增加广告收入，不如说谷歌是通过发展技术或吸收类似 YouTube 的内容平台，继而发布广告，取得更高的利润。谷歌的领先地位，不是取决于什么花哨夺眼球的用户界面，而是用技术让用户心悦诚服。

再看 Facebook，它是内容来源于用户的典型代表之一，即"消费者自主媒体（Consumer Generated Media，简称 CGM）"。一旦用户发现服务不到位或是用腻了，那平台的价值就会直接跌至谷底。因此，怎样运用技术与客户的需求更贴近，即"如何改善用户界面"成了关键。这就是谷歌与 Facebook 最大的区别。

为此，谷歌与 Facebook 竞争多年，在没有竞争优势的行业内拼杀，输了也是情有可原。

从 2011 年开始，谷歌改变了 M&A 的方向，开始注重"未来经营中自身的不足与资源获取"。这或许是因为它在与 Facebook 的竞争中悟出了什么吧。

另外，对比谷歌与 Facebook 的销售额与利润，2011 年谷歌的销售额是 Facebook 的 15 倍，利润是 Facebook 的 10 倍。如果 Facebook 是一家要和谷歌争抢客户广告预算

的企业，那么谷歌无论如何都需要做出反击了吧？那之后

Facebook 的发展也气势汹汹，在 2013 年年末，它已经将销

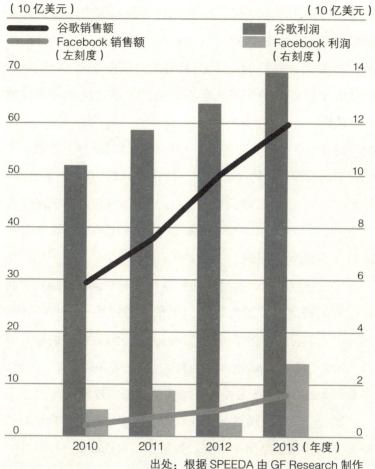

图 1-9　谷歌与 Facebook 的销售额与利润

售额差缩小到了 8 倍，利润差缩小到了 5 倍（见图 1-9）。

很多用户会拥有多个移动设备，而谷歌在这种"多屏环境"方面还略有欠缺，特别是移动设备客户端上的开发缺陷非常明显。虽然安卓机已经在世界各地普及，但在移动设备方面，谷歌的技术还未明朗。仅搜索功能这一项，移动电子设备上的使用感远不如电脑，语音检索也没有被用户认可。

也许谷歌觉得，要想在移动电子产品领域卷土重来，关键在于通过计算机转换人类语言的技术，即"自然语言处理"技术吧。其在 2012 年招募了人工智能领域的世界级权威人士雷·库兹韦尔（Ray Kurzweil），从这一举措中不难发现谷歌对该领域的关注程度。

谷歌想用自然语言处理功能做什么呢？也许目的在于面对用户的提问，谷歌想要给出更精准的回答——就像 IBM 开发的人工智能程序"沃森（Watson）"，曾在美国的智力节目"危险边缘（Jeopardy）"中打败人类选手获得冠军。由此，谷歌的 M&A 的一个方向又开始关注起了"技术"。

那社交领域的投资呢？谷歌在收购企业后又将其相应的服务关闭的事也是屡见不鲜。如果今后"Google +"在社交领域里的定位不能发生改变的话，之前购买的社交相关的企业将很有可能被"打入冷宫"。

谷歌的忧虑——广告业务以外的朝阳产业是?

当下谷歌看重的六个领域分别是:

· 搜索与展示广告

· 安卓系统平台

· 登载于 Google Play 的内容资源

· 企业实验室（面向企业用户）

· 各种商务

· 硬件

另外，谷歌仍在持续投资的行业主要可以分成三组[1]:

· 被视为核心业务的广告: 搜索与展示广告

---

[1] https://investor.google.com/pdf/2014Q3_google_earnings_slides.pdf——作者注

· 众多用户想尝试的事业：YouTube、安卓、Google Play 与谷歌浏览器 Chrome

· 为促进普及与创新而投资的新事业：社交、商务、Google for Work[①]以及云平台

其中需要关注的是面向企业客户的"云平台"，这个事业的主旨就是"ICT 基础建设"。

在云服务领域，不能不提亚马逊 AWS[②]提供的亚马逊弹性计算网云（Amazon EC2）。如果从开始服务的时间算起，它要比谷歌早上 10 年之久。虽然谷歌是在与这样一家庞大的企业竞争，但云服务的顾客是企业。谷歌凭借本身在 ICT 领域的优势以及与竞争对手相比而言更能充分筹措资金的优势，在竞争领域内占得了一席之地。

那么，谷歌现在又为何会关注公共服务设施呢？前面笔者已经指出，在这一领域，谷歌确实是比在社交领域更有优势，但还有一个更关键的原因，那就是"谷歌除了广告事业就没有稳固的利润了"。

图 1-10 显示了谷歌销售额的明细。谷歌的广告事业已经十分成熟，优势明显，但其他事业就不尽如人意。与摩托罗拉有关的硬件事业也在 2014 年 11 月转卖给了中国的联想

---

① 谷歌旗下产品部门名称。
② Amazon Web Services (AWS) 于 2006 年推出，以 Web 服务的形式向企业提供 IT 基础设施服务，现在通常称为云计算。

（Lenovo）。

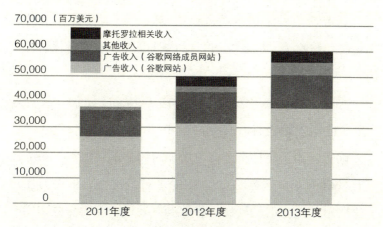

出处：根据公司资料，由 GF Research 制作

图 1-10　谷歌的销售额明细（百万美元）

谷歌充分利用安卓和 Chrome，在增加与用户的"接触点"数量方面取得了成功，但这些"接触点"不能变成直接的收益机会——"现金点"。最多只是通过用户上网，间接获得广告投放的机会。

与此相比，云服务或许能使谷歌的 ICT 公共服务设施成为直接的收益机会。为了能让用户使用自己的 ICT 公共服务设施，谷歌必须提供应用程序，但一旦成功拉拢客户，就能进入可持续收入的商业模式。它与广告收入不同，不用根据客户是否投稿来决定。既可以使谷歌拥有稳定的利润，同时还能最大限度活用它在 ICT 领域的竞争优势。

那么，谷歌若想在公共服务设施事业方面取得成功，必须采取什么战略呢?

笔者给出一个提示——该战略与谷歌对硬件企业的收购,以及被称为"Google X"、"Google Y"的高科技研究所的研究主题有关。

谷歌为什么要开发汽车和眼镜(Google Glass)?为什么要收购研发腕表与恒温器的公司?

确实,为了更加全方面地增加与用户的接触点,谷歌已经开发出了安卓这样的 OS。但是通常情况下,最终与用户发生接触的更多的是硬件。谷歌没有硬件,就无法收到用户体验的反馈。道理很简单,"用户体验取决于硬件",让客户给摸不着的网上云服务和应用程度做出正确的评价,是一件比较困难的事。

这点上,从数据中心到硬件本身都追求最佳并且成功的,是苹果。谷歌虽被称为互联网广告大鳄,但既然它的竞争对手采取了注重硬件的战略,那么它就不得不把硬件也视为十分重要的事业领域。

图 1-11 是苹果、谷歌、亚马逊的硬件开发经营情况及其地位。苹果的核心事业是智能机,谷歌是网络广告,亚马逊则是电子商务,但从表中可以看出,三者都在致力于硬件的开发。

	苹果	谷歌	亚马逊
数据中心	持 有	持 有	持 有
服务平台	iTunes, App Store	谷歌市场	Amazon.com
O S	iOS, OSX	安卓	——
CPU	A 8	——	——
硬件	iPhone, iPad, Mac	Nexus, Chromebook	Kindle

出处：由 GF Research 制作

图 1-11　国际竞争企业的垂直综合化

微软也不甘落后，不仅仅满足于家用游戏主机 Xbox 与平板电脑奢飞思（Surface），还收购了诺基亚的手机事业，积极致力于硬件设备开发。虽然微软的用户资源和程序利用都以电脑为主，但由于目前大环境正在转变为多设备的"多屏环境"，因此公司内部也在拼命打造最合适的硬件，以便抢占市场。

在商业领域中，微软 OS 主要面向个人电脑，因此至今它的市场占有率仍然很高。但如果硬件中个人电脑、平板电脑和智能机的使用比率发生变化，那么面向电脑的 OS 的市场占有率就会受到威胁。另外，商业领域也渐渐开始活用智能机，接受"随身携带自己的设备办公"（Bring Your Own Derice，简称BYOD）的趋势。长此以往，微软的处境必将会更艰难。

说到BYOD，谷歌收购了BYOD平台的软件开发商Divide。原本，谷歌想用谷歌文档（Google Docs）来挑战微软的办公软件"Office"，但却迟迟没有办法超越，原因在于云端上的操作有延迟问题，一直无法得到解决。所以，笔者猜测谷歌购买Divide公司就是为了解决这个问题。

谷歌又在2014年买下了一家产品设计公司。至于购买原因，猜测可能是因为谷歌发现了硬件设计的重要性吧。它所收购的公司Gecko是一家机械工程和产品设计公司，曾为惠普（Hewlett-Packard）、戴尔（Dell）、赫曼米勒（Herman Miller）、罗技（Logitec）等公司效力。[1]这样一来，谷歌一旦有了新思路，就能立刻落实雏形、归纳使用心得，花最短的时间观察并检验活用ICT时用户界面发生的变化。

由前述可见，对谷歌来说，硬件的重要程度是显而易见的，而它对硬件相关企业收购还不止于此。

正如之前已有提及的，谷歌还收购了开发机器人和恒温器的企业。这些行为究竟出于何种目的，这个谜题还没有被解开。

---

[1] http://www.geckodesigninc.com/portfolio/index.html ——作者注

Google X——谷歌的野心

如前文所述，除了广告以外，谷歌迫切需要能够带动第二次发展的新事业。无论是哪个上市企业，股东都会要求"埋下成熟的种子"。但是谷歌并没有把成长机会寄托于不久的将来就可以取得利润的事业上，其理由有微观亦有宏观。

从微观上说，如果其他事业的利润远不及谷歌现有的广告事业，资本利润率也远低于广告事业的话，要对其进行投资或为此分配经营资源，是一件困难的事。如果股票市场觉得它"投资了一项回报率低的事业"，那么它的股票就会被大量抛出，股价就会下滑。

图 1-12 显示了谷歌上市以后利润率等数据的推移情况。它于 2010 年达到顶峰的 35%，接着开始有下滑的趋势，但

也维持在了 20% 左右。而相比之下，日本普通的上市企业
一般把利润率的目标设在 5% 左右，因此我们能发现，谷歌
的利润比日本上市企业高出一大截。这都是因为谷歌的广告
事业的利润率高的缘故。

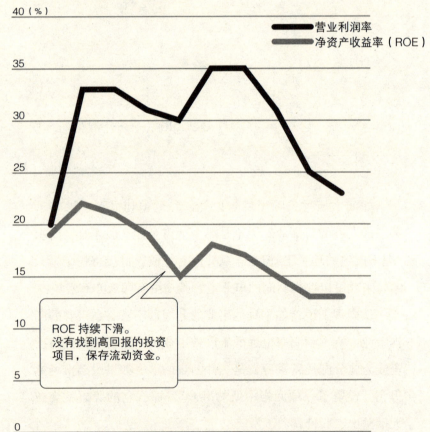

出处：根据 SPEEDA，由 GF Research 制作

图 1-12　谷歌的营业利润率与净资产收益率的推移

另一方面，谷歌的问题在于，由于现有事业的利润率太高，最终导致了"可以投资、新发展的事业受到局限"。除开部分时间，谷歌的净资产收益率（Return On Equity，简称ROE）一直呈下滑状态。这种现象经常发生在利润率高、利润在循序渐进地上涨，但没有新投资对象的企业身上。

美国是最关注ROE水平的国家，而谷歌已经在美国上市。因此即便它的利润率非常高，也不能做出不顾ROE的经营举措。

但是就算谷歌要投资新事业，如果新事业的利润率比现有事业低，整体营业利润率就会下降，连带ROE也会更加低下。如果发生这种情况，谷歌就要面对股东"为何要投资这个事业！？"的质问。因此，谷歌不能贸然进行投资或者收购。

在这种经营环境中，有一个前文所提及的"宏观理由"，使谷歌可以挑战新事业。那就是，"投资那些投资方们无法计算期待利润率的事业"。

如果谷歌收购或投资网络广告方面的竞争对手，股票市场会立刻计算该事件的影响度，继而影响股价。从这层意义上说，谷歌购买或者创立那些大多数的投资方无法立刻得出结果的"高飞"事业的举措，在保证企业价值方面可以算是合理的判断。

那么，我们就顺着这个思路看一下"Google X"。

　　Google X 因将众多看起来匪夷所思的创意进行了具体化而被世人所熟知。其中包括自动驾驶汽车、谷歌眼镜、潜鸟计划（Project Loon）[①]、智能隐形眼镜等。

　　早在 2009 年，两位谷歌创始人布林和佩奇就构思了一个叫做"其他部门总监（Director of other）"的职位，主要是负责管理谷歌的搜索事业以外的诸多项目。最终这个想法得以成形，在 2010 年正式成立了 Google X。

　　为此作出巨大贡献的就是谷歌的工程师塞巴斯蒂安·特伦（Sebastian Thrun）。特伦受两位创始人的支持，开始了无人驾驶汽车的研发。但之后，特伦因为决定成就自己的网络教育事业而辞职[②]。

　　特伦走后，他的同事阿斯特罗·泰勒（Astro Teller）接手，任 Google X 实验室总监一职。泰勒不仅成为自动驾驶汽车的主角，还创立了谷歌眼镜项目。

　　另外，在谷歌内部，还存在一个名为谷歌研究院（Google Research）的研究所。它与 Google X 分别承担着什么角色呢？

　　谷歌研究院主要负责研究谷歌的核心事业——互联网领域内的计算机科学。而 Google X 则负责前文中列举的那些

---

① 又名"热气球网络计划"。该项目计划建立一个由气球组成的环，在全球上空飞行，用以给地面提供 3G 速度的网络。
② http://www.fastcompany.com/3028156/united-states-of-innovation/the-google-x-factor ——作者注

"制作雏形、将其完善为成品（硬件）并问世"。

　　为使企业在 ICT 领域确立竞争优势，实现 ICT 公共服务设施收益化，谷歌必须将这一系统的一端转变为可视化的硬件或是用户界面。当公共服务设施建立完善，技术得到革新，此时硬件的创意就能被具象化。笔者认为，这就是当下谷歌的想法以及 Google X 的使命。

　　也就是说，Google X 推出的产品，不过是使用了 ICT 公共服务设施的一个"点"。为了掌握谷歌对未来的预想图，就必须将这些点逐渐连接在一起。

　　另外，"能源"也在泰勒的兴趣范围之内。

　　Google X 对于能源其实并不陌生，谷歌收购的风力发电公司 Makani 就被排入了 Google X 的企划。[1]

　　泰勒还在列举 Google X 的研究对象时提到了电池。泰勒认为，如果电池的性能是现在的 10 倍，那么世界将会发生无法想象的改变。提高 10 倍性能的电池不仅能运用于电动汽车，甚至连电动飞机都能建造出来。[2]

　　谷歌的自动驾驶汽车很有可能会将电动汽车作为驱动平台。另一方面，如果真的制造出了电动飞机，那么它的研究领域将不仅是亚马逊那样的无人机（Unmanned Aerial

---

[1] http://www.fastcompany.com/3028156/united-states-of-innovation/the-google-x-factor ——作者注
[2] http://www.wired.com/2014/05/astro-teller/ ——作者注

Vehicle，简称 UAV），甚至未来会扩展到对宇宙的探索。而事实上，谷歌购买的 Skybox Imaging，已经在从宇宙拍回视频。

有趣的是，特斯拉的首席执行官（CEO）埃隆·马斯克不仅从事电动汽车领域的开发，同时也是从事宇宙相关事业的 Space X 和全美光伏第二大公司 Solar City 的董事长。在对待硬件（汽车）与能源这两项事业时，马斯克的投资与业务组合和 Google X 的组合竟是不谋而合。

谷歌较之特斯拉，略强一些的领域是 ICT。将这个领域与硬件和能源组合，谷歌也许将要获得更稳固的竞争优势地位。

Google

VS

第二章

打败谷歌的条件

按照汽车行业的企业规模来看，谷歌已居第 3 位

如果谷歌开始经营自动驾驶汽车，这对全世界的整车厂来说必是一个巨大的威胁吧。谷歌不仅在 ICT 产业有强大的实力，在汽车产业内也颇具实力。请看图 2-1。

每年，整车厂都会公开销售额与去年、当年销售台数，而在企业经营的根本——股东权益方面，2013 年，丰田达到了约 14 兆日元，打败大众一举获得全球第一；其当期净利润（税后属于股东的利润）同样获得全球第一。

把谷歌放进这些整车厂中进行对比，如果按照股东权益的规模排列，谷歌已经排到了第三位。因此从其未来竞争的基本体力来看，它已经超过了戴姆勒和本田。

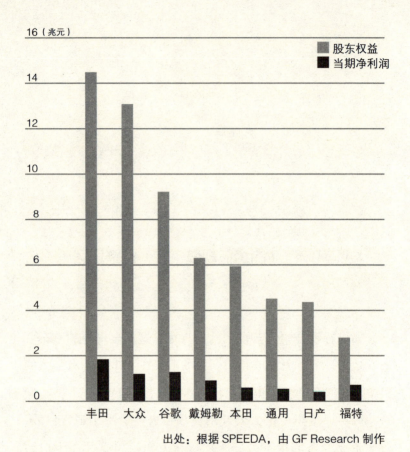

16（兆元）

██ 股东权益
██ 当期净利润

出处：根据 SPEEDA，由 GF Research 制作

图 2-1　汽车整车厂与谷歌的股东权益·当期净利润（2013 年度）

　　另外，每年当期净利润的累积形成了股东权益。因此，如果谷歌的产业没有发生大规模的瓦解，那么排名比戴姆勒低的整车厂在今后会被谷歌拉开更大的距离。

　　因此，一旦谷歌像我们所推断的那样正式进军汽车产业的话，全球整车厂将迎来一个巨大的新竞争者。而在日本的汽车产业里，具有能与谷歌对抗的规模的企业，只有丰田这一家。

那么，股东权益的重要性体现在哪些方面？

股东权益是筹措资金时财务表格内重要的一个项目。金融机构帮助企业融资时，一定会关注"融资金额是股东权益的几倍"这一问题。从外部筹措资金以投资设备或实行 M&A 时，股东权益的多少是决定"业务落实的规模"的关键。

图 2-2 中，股东权益是每期计入的当期净利润（有分红时，就从当期净利润中减去分红）的叠加。所以也可以说，股东权益就是"企业的历史"，如果业界的竞争环境没有发生巨大的变化，那近几年内的状况应该也不会有大的改变。

但是，当业内开始发生革新、竞争环境急剧变化时，这一杠杆就会发挥很大的作用。强大的企业会更强大，弱小的企业则会更加被压得喘不过气。

如果期间收入为赤字，股东权益就会减少，甚至因此进入恶性循环。日本电机产业的情况就是一个典型的例子。

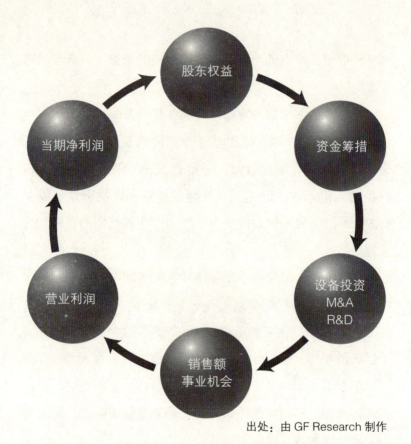

出处：由 GF Research 制作

图 2-2　企业经营的力度

　　图 2-3 显示的是 2001—2013 年之间，苹果、三星、索尼、松下的股东权益的变化情况。

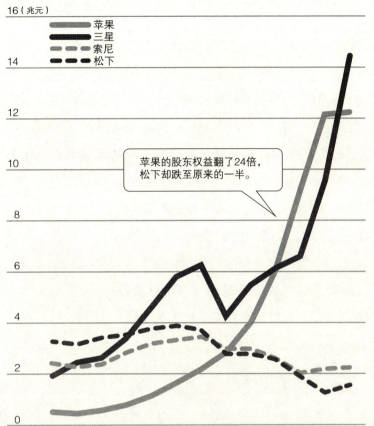

图 2-3 电机制造商的股东权益的变化情况

出处：根据 SPEEDA，由 GF Research 制作

在 2001—2013 年期间，苹果的股东权益翻了 24 倍，好似在照着指数函数方程式扩大一般。苹果分别在 2001 年与 2007 年发售了 iPod 与 iPhone，开创了智能机市场。它将自己的拳头产品硬件与 ICT 组合，创建了手机市场竞争的新规则。而三星则因开发了动态随机存取存储器 DRAM 和

NAND 闪存元件，再加上智能机的开发，利润迅速扩大，将股东权益翻了 7 倍有余。

反观苹果、三星的竞争对手索尼与松下，它们在商品和元件的竞争中败下阵来，又因雷曼事件（Lehman Shock）[①]后经济低迷的影响，加之税后利润为亏损，预期收益无法实现，造成递延所得税资产的减损。在这样接二连三的打击下，股东权益开始减少。结果，这些企业不仅在投资大型设备时举步艰难，最后甚至落到要变卖产业和工厂的地步。

这是一个企业经营杠杆的负面影响变成现实的真实案例。在 2001 年，松下的股东权益比三星上升得更快，而到了 2013 年，三星的股东权益是松下的 9 倍。

---

① 2008 年，美国第四大投资银行雷曼兄弟由于投资失利，在谈判收购失败后宣布申请破产保护，引发了全球金融海啸。

日本电机制造商失败的原因

日本的电机制造商输给苹果和三星的理由具体有二。其一，"没能理解竞争规则，并顺着这个竞争规则进行合理的经营"；其二，"竞争规则发生了变化"。

何谓电机产业的"竞争规则"？举例来说，如果是制造内存和液晶屏的元件产业，设备投资的多寡决定了制造费用上的竞争优势。

大多数日本的电机制造商制造的元件仅能用于本公司的产品，因此，它们很少会想到利用元件在价格竞争中取得优势，这正是日本电机制造商的"画地为牢"[1]。结果就是

---

① 泉田良辅：《是什么决定了日本电力产业内的胜负？》，日本经济新闻出版社 2013 年版，第 69—70 页。——作者注

出现恶性循环——一旦自己公司的元件在价格或品质保证方面无法确立竞争优势，公司产品的竞争优势也就无法得到保证。

设备的投资能力也是，就如前述企业经营动态中所见，受到股东权益的影响。日本的电机制造商在利润方面也存在问题——利润率太低。从 2001 年至 2013 年，索尼和松下的营业利润率至多只能达到 5%，而三星除了在雷曼事件时跌破 10% 之外，一直维持着 10% 以上的水平，苹果则达到了 30%。（见图 2-4）

虽然也有舆论认为"日本的法人税率相比欧美各国都高，要想提高企业的竞争力就该降低法人税率"，但很少有人提出应该如何填补这种利润率之间的差。

日本的电机制造商败北的另一个原因见图 2-5。即原本具有竞争优势的环境发生改变，以及由此造成的竞争领域重叠。

日本的电机制造商的擅长领域是不连接网络、作为单独硬件存在的商品群。

如今，即使平板电视也可以连通网络使用，但当初问世时的产品并不是这样的。它仅仅比显像管电视机薄一些，又提高了画质（单独硬件）而已，这两方面比拼的都是硬件。而数码相机与手提摄像机这一类的光学器械，虽然在质量方面的竞争力一直得以维持，但智能机现在已经包含了同样的功能，又能轻松上传照片，因此从使用体验和普及数量上来

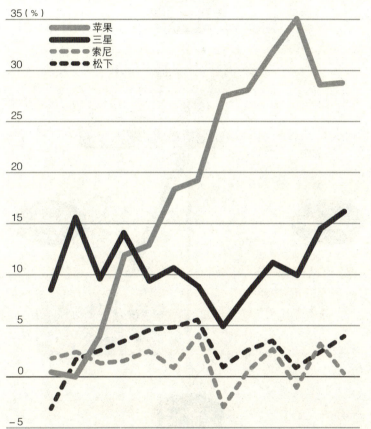

出处：根据SPEEDA，由GF Research 制作

图 2-4 电机制造商的营业利润率

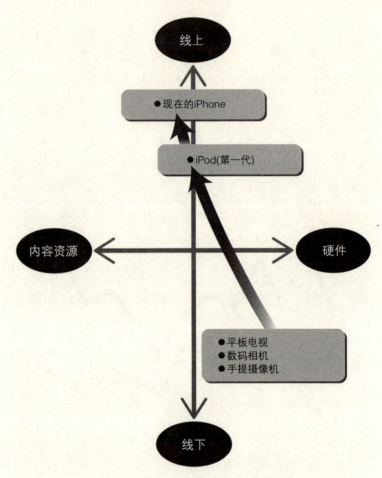

出处：由 GF Research 制作

图 2-5 电器商品的竞争领域的变化情况

说，智能机的地位遥遥领先。

苹果改变了日本的电机制造商擅长的"线下"×"硬件"的竞争领域。它不仅带来了 iPod，还推出了联网后能兼作资源平台和支付平台的 iTunes。而 iPhone 则增加了视频和应用程序，进一步扩大了内容资源的范围。现在，就连日本的电机制造商引以为豪的硬件功能升级，也已被苹果市场代替。

如此来看，苹果不仅改变了竞争领域，甚至将竞争领域融合，导致竞争规则变得复杂化。

将丰田作为日本制造业的行业标准，真的可取吗？

股东权益充盈的丰田也不是稳如磐石的，因为他们生产的汽车的附加价值太低。

请看图 2-6，图中列举了制造成品的日本企业以及他们的销售额利润变化。丰田的销售利润里不包括金融业务。其中，东芝、松下、小松制造所的销售利润率大致在20% ~ 30% 之间，而撇除了金融事业的丰田，即便在顶峰时期，其销售利润也不超过 20%。

图 2-7 显示了丰田的汽车部门的营业利润率的变化。

销售利润率在没有超过 20% 的情况下，随着次级抵押贷款的泡沫破裂，加之发生召回事件，丰田的营业利润在一段时间内一路下滑。抛开这一点，8% 的计入水准还是值

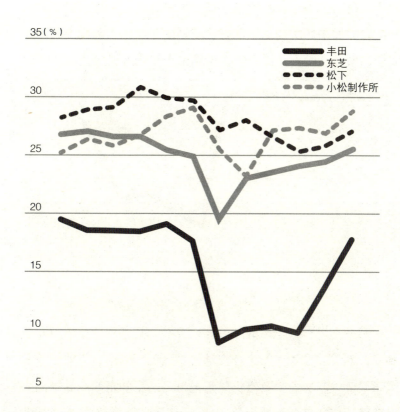

出处：根据 SPEEDA，由 GF Research 制作

图 2-6　日本的成品企业的销售利润率的变化情况

得称赞的。不过，其营业利润也是通过"充分运用经费卖出销售利润率低的商品"的方式获得的，抹不去薄利多销的印象。换句话说，丰田的经营模式无法促成高利润。

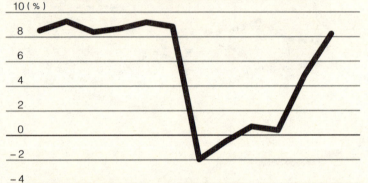

出处：根据公司资料，由 GF Research 制作

图 2-7　丰田汽车事业的销售利润率

一直以来，丰田的生产方式被奉为日本制造业的行业标准，不仅被导入多家生产现场，并且也真的卓有成效。今后如果日本制造业的策略仍然是把自己国家的量产商品推向全世界，那么只要维持现状，继续运用丰田的产方式作为标准即可。

可如果不想拘泥于现有的价值链，建立新的经营模式，该从价值链的哪个环节创造出附加价值呢？该对哪一部分投入经营资源呢？这些问题是企业不得不考虑的。就如前文所述，创新者的常用手段就是"重新设计价值链"。

价值链的设计才是商业模式之所在

其实 1997 年时，苹果甚至一度面临着要破产的局面。史蒂夫·乔布斯就是在那个时候回到了苹果。回归后，他做的第一件事就是缩小商品范围、停止软件开发、削减工程师、整顿销售代理店。他几乎废除了整个生产部门，把所有生产全部换成了 EMS。苹果对价值链中自己最具优势的"设计"与"市场"两方面集中了经营资源，从而使公司得以复活。

图 2-8 说明了苹果可以在多少时间内把商品和服务现金化——即"现金循环周期（Cash Conversion Cycle，简称 CCC）"与营业利润率。从中可以看出，从 1997 年到 1998 年，苹果的 CCC 得到了相当大的改善。这正是因为在濒临破产之际，企业的价值链获得了重新设计。

　　1998 年以后，苹果的 CCC 变成了负天数，这表明企业的现金流处于充裕状态。苹果运用这些现金或做开发或收购企业，到 2001 年发布了 iPod。此后，苹果的利润率得到了大幅度的改善。可以说，如果没有价值链的再设计，就不会有现在的苹果。

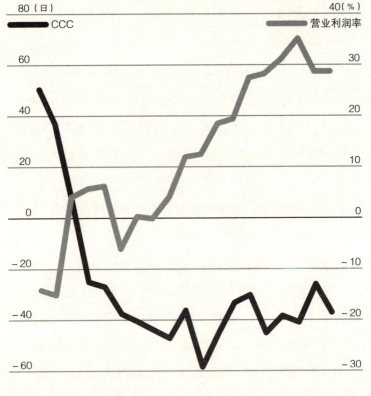

出处：根据 SPEEDA，由 GF Research 制作

图 2-8　苹果的现金循环周期与营业利润率

　　日本的电视机制造商之所以失败，正是价值链重新设计的失败。在显像管电视机时代，价值链的关键在于玻璃阀门的开发、生产与供应，即企业的瓶颈。最终，生产玻璃阀门的玻璃工厂与电子元件的生产能力决定了显像管电视机的市场占有率。[1]

　　而到了液晶屏电视机时代，屏幕的不可或缺使得玻璃工厂继续成为企业的制约条件，而控制画质的半导体则在Foundry（半导体芯片制造商）进行生产，组装由EMS进行。这一举措深化了价值链的分工。就这样，技术的更新促成了价值链的再设计，这使得日本的电视机制造商彻底失去了竞争力。

　　当下，汽车产业以发动机为核心，采取的是一条龙全价值链的生产模式，所以一旦引入全新的技术，比如说电动汽车，这条价值链可能就会瞬间崩溃。

　　从目前的价值链来看，也有人认为目前汽车生产也在推进平台化，零部件的组合化也正在发展。但是，一旦汽车的驱动平台从汽油汽车转变为电动汽车，就会造成零部件数量的削减，如此一来，价值链也许就会缩短。另一种可能性是，如果有一家企业能跨过联合企业，将自己的零部件同时供应给多家整车厂，那么迄今为止依靠联合企业维持的价值

---

[1] 泉田良辅：《是什么决定了日本电力产业内的胜负？》，日本经济新闻出版社2013年版，第35页。——作者注

链将被一举摧毁。

　　对于整车厂来说，其价值链直接受到配件厂的牵制。也就是说，配件厂的这种动向完全可能变成它的风险。而对于配件厂来说，终于可以跨过联合企业扩大事业，无疑是一次商机。因此，"对于丰田来说，电装公司（DENSO CORPORATION）会变成其经营上的风险，而对于电装来说，丰田又何尝不是呢"。

丰田其实并不"精益"

不仅是丰田，历来的汽车产业一直把从开发研究到供应器材、组装、出售到售后服务的所有工作都收入自身的价值链中。所以，应当充分利用联合企业，形成垂直综合型的价值链，使价值链本身拥有附加价值。

图 2-9 显示了汽车整车厂库存周转天数及其销售利润率。由此可以看出，库存天数越多，销售利润率越高。这是因为价值链的天数越长，相互磨合的空间就越大，成品的附加价值也会越高。

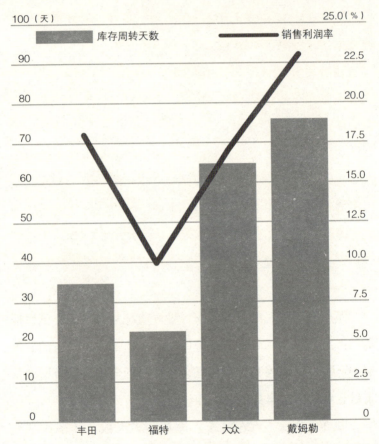

出处：根据 SPEEDA，由 GF Research 制作

图 2-9　汽车整车厂（除金融事业外）的库存周转天数及其销售利润率

　　当然，有人也许会指出，戴姆勒和大众的部分车型中有较高比率是高级汽车，因此销售利润率高也是理所当然的。那就不得不提一种车之所以成为"高级汽车"的原因了。如

果认为能保证品质和安全性的车就是"高级"的，那在长价值链里，已经包含了精工与安全性这两方面。

还有另一个有趣的现象，如果只看库存周转天数，"丰田并不是最精益的企业"。虽然比起欧洲的汽车制造商要精益，却不及福特。

而新进入这一行业的企业，也许会改变历来汽车产业的竞争规则，为了在竞争中脱颖而出，将"价值链越长越会成为附加价值的源头"的模式，转换成"价值链越短越会成为附加价值的源泉"吧。

图2-10是丰田与苹果的库存周转天数和销售利润率的变化情况对比。

如前所述，在汽车行业里，库存周转天数越长，销售利润率将会越高，但根据苹果公司的数据显示，也有库存周转天数短反而销售利润率高的情况。由此，我们可以发现保有库存获得高利润率的商业模式和清库存获得高利润率的商业模式之间的区别。

现阶段的汽车产业需要在价值链以及开发阶段与监察机关积极互动，并在采购时对质量等安全性问题进行保证或担保。因此，它无法像苹果那样，在价值链中舍去产品装配过程，将它交给外包公司。

然而，市面上的驱动平台都是以燃油发动机作为核心的。一旦转变成电动汽车，组合化零部件进一步增加，磨合

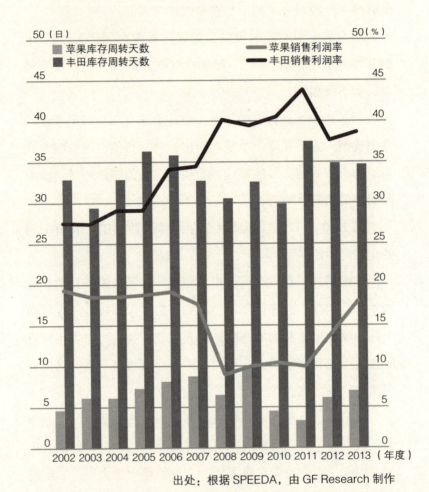

出处：根据 SPEEDA，由 GF Research 制作

图 2-10　丰田与苹果的库存周转天数和销售利润率变化情况

领域减少，汽车生产企业就很有可能可以通过认证生产线，将组装交给外部来进行。

另外，一旦自动驾驶汽车被投放市场，由于它"不会出现交通事故"的特性，原有的品质保证虽然还是必需的，但历来由汽车厂商担保的"发生事故时的安全性"的领域可能会缩小。届时，制造过程会变得更简单，产生类似现在苹果的价值链。换句话说，眼下汽车厂商所拥有的生产线设备和资产，会遭到极大的贬值。

因此就笔者看来，就像过去那些日本的电机制造商没有灵活机动地整顿他们在世界各地拥有显像管电视机的生产工厂，汽车厂商也许也会走上他们的老路。

长江后浪推前浪

就像我之前所提到的，眼下的汽车产业中，汽车的生产设备是决定市场占有率的主要因素之一。现有的汽车产业商户如果想从新进企业等革新家手里夺回主动权，他们能做的只有在守住生产量的同时彻底保住价值链。反过来说，一旦革新家破坏了价值链，就能确立新的竞争规则。未来汽车制造业的兴亡关键就在这里。让我们据此进一步对形势作出分析（见图 2-11）。

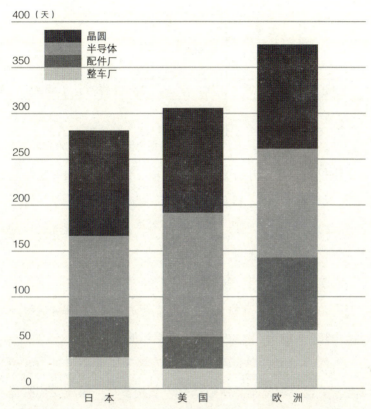

图 2-11　各个国家和地区的汽车库存周转天数（2013 年度）

表 2-1 是各个国家各个企业的库存周转天数的累计：

表 2-1　各个国家使用的企业数据来源

	晶圆①	半导体	配件厂	整车厂
日本	信越化学	瑞萨电子株式会社	电装	丰田
美国	信越化学	飞思卡尔	本田马格纳	福特
欧洲	信越化学	英飞凌（2013.09）	博世	大众

出处：参考各司资料，由 GF Research 制作

让我们一起来分析上图中以日本、美国、欧洲的电装品为例的价值链长度。价值链累计了晶圆、半导体、配件厂、整车厂的库存周转天数。从中我们不难看出，价值链最短的是日本，最长的是欧洲。

而价值链的长度对新进企业有着重大的意义。想要遵守现有汽车产业的竞争规则入行，新进企业就必须要保证250 ~ 350 天的库存，也就是要有相当的流动资金。

当然，如果只作为整车厂，库存并不需要备足到 200 天以上。不过装配整车需要零部件，于是整车厂还需要说服提供零部件的配件厂。因为配件厂要给企业提供零部件，也需要提前准备好一定量的资金。也就是说，只要现有的竞争企业拉长价值链，就能保证在行业里占据优势。例如，可以把品质保证和安全性问题的担保作为行业准入的门槛。

但值得注意的是，当汽油汽车过渡到电动汽车，零部件

---

① 晶圆是指硅半导体集成电路制作所用的硅晶片，由于其形状为圆形，故被称为晶圆。可加工制作成各种电路元件结构，而成为有特定电性功能的 IC 产品。

的个数可能就会从 3 万个跌至 1 万个，自然，价值链也会变短。这种情况下，如果新进企业生产的是电动汽车，而生产数量与汽油汽车相同的话，从整条价值链来看，也许能以较少的资金负担进入。

创业企业特斯拉就是如此，它的电动汽车产业正发展得如火如荼。特斯拉扩大生产设备，和松下联手建立了电池工厂①，还在尝试自己配备汽车充电站。虽然和汽油汽车相比，短价值链的效果无法立竿见影，但若坚持，长期来看，特斯拉终会实现一本万利，从短价值链中受益。

特斯拉设计的是从设计、工学、组装到销售的垂直综合型价值链，这点与普通的汽车厂商并没有区别，也是继承了通用（GM）与丰田的合并公司 NUMMI 工厂的习惯。因此，特斯拉连价值链的设计都与历来的汽车厂商无二。考虑到电动汽车的普及还要看今后，因此企业拥有生产设备是今后扩大市场占有率的关键。现在就拆开价值链将其外包，也许还为时尚早。

电池也是普及电动汽车的重要因素之一。因此，特斯拉正在筹备一个名为"千兆工厂（Giga Factory）"的电池工厂。这家工厂在 2020 年的生产容量将会提高至 2013 年全球的供应水平。②这种情况就像当年的电视机厂商只要拥有玻璃阀门等生

---

① http://www.teslamotors.com/about/press/releases/panasonic-and-tesla-sign-agreementgigafactory ——作者注

② http://www.teslamotors.com/sites/default/files/blog_attachments/gigafactory.pdf ——作者注

产设备就能维持全球的市场份额一样。在液晶电视机投放市场的初期，夏普也是因拥有生产设备而得以拥有高市场占有率的。

要缩短价值链，就必须在全世界完善电动汽车制造的基础设施。从这点上来看，特斯拉要做的就是亲手破坏原有的汽车产业的竞争规则并确立新的规则。而事实上，它"目前"并没有这样做。如果埃隆·马斯克今后想要革新，革新的领域也许并不是制造过程，而是与用户的接触方式——例如，用户界面。

要判断特斯拉"是否真的想要确立新的竞争规则"，就要关注 CCC 的动向。当初苹果复活时，其对价值链的再设计，即经营模式的变化，也在 CCC 中有直接的反映。

特斯拉从销售高级车起步，采取订制生产的方式，在资金筹措上颇费心思。图 2-12 显示了特斯拉的 CCC。由于它是创业企业，且发展神速，所以在财政方面虽然并非百分百稳定，但不难看出，它通过库存品和应付账款保持着 CCC 的平衡。作为新进企业来说，这项选择完全正确。

再来看图 2-13，这是苹果的价值链中的一部分进行标准化后制成的图。假设 iPhone 搭载的是村田制作所的电容器，在统计库存周转天数时包括零售商在内，进行模拟后获得此图。从结果来看，价值链的长度变成了 214 天。如果是热销品，零售商的库存周转天数可能比这个纪录（全球最大的家电大卖场、美国的"百思买"是 62 天）来得更短，而实际上的天数也许比我们想象的还要短。

　　当汽车产业的驱动平台变成了电动汽车，零部件数量减少，产业的价值链长度便会向智能机产业靠拢。在这个阶

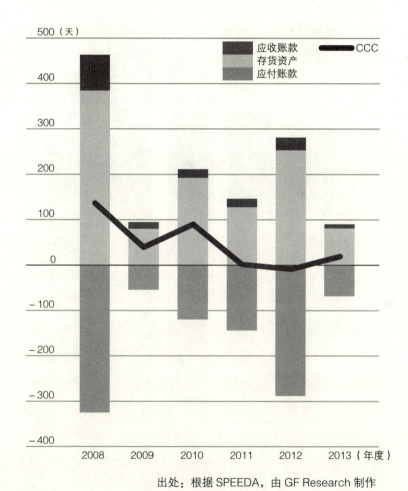

出处：根据 SPEEDA，由 GF Research 制作

图 2-12　特斯拉的现金循环周期（CCC）

段，新进企业会急剧增加。此后的竞争方式便是凭借迅速回收资金，拥有高效经营模式的企业就能拥有高市场占有率。

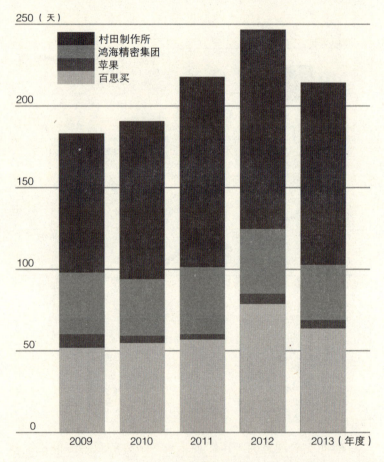

出处：根据 SPEEDA，由 GF Research 制作

图 2-13　苹果的价值链案例（库存周转天数）

谷歌拥有许多革新人才——特斯拉的动向是关键

谷歌并不亲自参与汽车的生产，如此一来，普及无人驾驶汽车的梦想可能还需要花上很长一段时间。这是因为现有的汽车厂商仍旧会维持着垂直综合型价值链，且如前所述，就连新进企业特斯拉也采用了同样的价值链。而对现在的价值链，谷歌能够介入的余地很小。就连特斯拉，也认为目前导入安卓系统还"为时过早"——正如笔者在第一章中所陈述的。

然而，对现有的汽车产业来说，最大的威胁应该是谷歌和特斯拉联手吧。拥有开发 OS 的资金、在 ICT 领域拥有压倒性优势的谷歌，和会设计生产电动汽车（硬件）的特斯拉，虽然在自动驾驶这一概念上的理解不同——到底是无人驾驶还是自动导航，其技术根基与对量产成本的预测也不同，但如果这两家合作，倒是不坏的选择。因为特斯拉还必须先完善电动汽车的充电站，如果有了谷歌的丰厚现金流做后盾，进行设备投资，那么解决电动汽车的公共服务设施不足，也只是时间的问题了。

　　图 2-14 中显示了根据谷歌、丰田和苹果的经营状况统计得到的现金流总额。

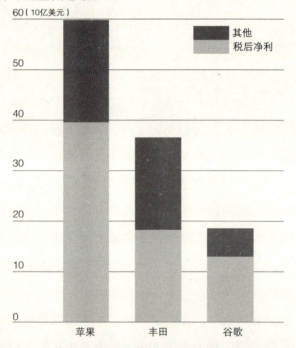

出处：根据 SPEEDA，由 GF Research 制作

图 2-14　根据谷歌、丰田、苹果的经营统计的现金流（2013 年度）

根据经营统计的现金流定义如下：

根据经营统计的现金流＝当期净利润＋折旧＋商誉减值＋流动资金增减等

从营业现金流量里减去财务条件下的借款偿还部分，即被视作投资本金。谷歌的营业现金流量一年约 2 兆日元（按 1 美元 =115 日元换算），丰田约 4 兆日元，苹果将近有 7 兆日元。

这里要注意的是，这三家企业所在的领域虽然各不相同——智能机制造商、汽车制造商及互联网广告企业，但从可投资金额考虑，都有可能成为"公共服务设施企业"。

说到公共服务设施，ITS 过去也被嘲笑过"都过去几年了还是没有进步"。但自从 20 世纪 90 年代中叶，概念变成雏形之后，通信事业的公共服务设施发生了剧变，ITS 也从街边的机器与汽车进行通信的近距离观念，演变为利用移动通信公共服务设施（日本称为准天顶卫星，不是一般的赤道轨道上的静止卫星，而是包括多颗轨道周期相同的地球静止轨道卫星，这些卫星分布在多个轨道面上，无论何时，总有一颗卫星能够完整覆盖整个日本）进行通信的概念。而事实上，比起车载导航仪，通过这一公共服务设施在智能机上通过地图搜索及视频联动进行手机导航或其他应用的用户体验反而更好、更受欢迎。

活用移动通信的公共服务设施时，关键在于如何确保信息的安全性。首先要定义"何谓安全",然后遵守规范。导航是 ITS 的核心层,但我们不得不注意到,外部应用程序的变化速度已经远远超过了它的进步。运用了移动通信的 ITS 可以说有着无限潜力。

另一方面,虽然很难想象谷歌会将某个特定的移动通信企业招揽至旗下,但移动通信企业必然会与汽车制造商进行更深一步的合作。这正是前文所说的汽车在驾驶过程中,随时通过移动通信系统连入网络的情况(就像回到了早前的汽车电话系统)。对于移动通信企业来说,这意味着可以销售比手机更高价格的商品,根据用户的使用需求,消耗的通信流量也很可能会超过手机。这样一来,移动通信企业便拓展了事业领域。

在汽车行业也是一样,如果出现了一种在用户界面与应用软件方面都符合用户需求的商品——就像智能机中的 iPhone 那样,这种商品很可能会给汽车行业带去翻天覆地的变化。例如,软银已经收购了美国的斯普林特,假以时日,当美国进入自动驾驶汽车商用化阶段,那作为通信企业,它很可能同时与客户签订移动通信系统服务的合同,这岂不有趣?

根据前文提及的三家企业的现金流量,这三家企业必然不会仅仅停留在建造充电站或完善 ITS 的规模。他们的实力就连投资能源相关的公共服务设施都可以办到。

　　举个例子，建造和运营管理一座超过 100 万千瓦的最先进核电站，所需成本约 5000 亿日元。如果谷歌把营业现金流量全用于建设核电站，那预计每年可建设 4 座。电力建设不仅需要发电设备，还需要系统变电设备。如果谷歌是一家电力公司，这些投资必不可少，但如果能将资金合理分配给发电厂与系统，进行此类投资完全是可行的。

　　从现实角度考虑，要想增设核电站，选址才是难题。然而美国抛下了盛行的页岩油火力发电，持续投资可再生能源。

　　不止谷歌，苹果也是可再生能源的投资者之一。前文我们提到，特斯拉的埃隆·马斯克是美国太阳能服务提供商 Solar City 的董事长。以投资闻名的投资家沃伦·巴菲特经营的保险集团伯克希尔·哈撒韦（Berkshire Hathaway Inc，以下简称伯克希尔）公司旗下的子公司——中美能源控股公司（MidAmerican Energy Holdings Company，以下简称中美能源），在整个美国的太阳能电站中拥有发电量的 14%，风力占 7%。

　　从谷歌的营业现金净流量来看，如果投资建造一座发电厂，那它的充电设备不仅能在整个美国，甚至能够在全球范围内大规模地配备。那些指出要普及电动汽车就必须先普及公共服务设施的人，一旦谷歌愿意积极投资充电设备，他们曾经的想法就要更新了。

　　对于自动驾驶汽车的驱动平台，也有人认为不是非要用电动汽车，汽油汽车也可行，但这种想法就错了。试想一下自动驾驶的途中突然需要加油和充电的情况。虽然加油和充电都可以实现自动化操作，但如果是电气，就可以在技术上实现无接点充电或供电。由此看来，自动驾驶汽车的驱动平台果然还是电动汽车最合适。

一定也会有人问，为什么笔者会认为谷歌有投资充电公共服务设施的可能性？那么假设电动汽车被普及，谷歌已经完善了充电公共服务设施，此时对谷歌来说，就可以清楚地掌握每台电动汽车充了多少电，统计自己管理的自动驾驶汽车有多少电量等。这些数据都包含了深层含义。

这时，谷歌在经营中的最大风险是"得不到电力的状况"。众所周知，谷歌目前自费运营数据中心。如果数据中心没有了电力，整个服务器将无法运作。当然，不止谷歌，所有倚赖数据中心的企业应该都有临时停电应急预案吧。不仅如此，设想失效安全（应对安全控制可能会发生的障碍，对系统进行控制的措施），确保独立的能源供应渠道也是很有必要的。

电动汽车的自动驾驶汽车普及以后，如果谷歌能跟上充电供电公共服务设施的配备，对它来说还会得到一个好处，那就是获得与能源事业接触的机会。这在汽油汽车时代几乎是被能源公司垄断的。

我们假设谷歌运营了一个专业服务于自动驾驶汽车的平

台。为了服务客户，谷歌就会向电力公司采购电力，同时还能向客户销售其他服务，不仅如此，它还能向客户回收多余的电力。当然，每个国家和地区的法规都不同，服务形式可能不能一概而论，但可以肯定，谷歌一定有机会通过电动汽车的储存电量获益。

但是值得注意的是，即便谷歌与特斯拉联手，有一点是他们无法超越苹果的，那就是用户界面的开发。

如果特斯拉没有选择谷歌而是转向了苹果，那只可能是因为它想要获得电动汽车在用户界面方面的建议吧。在自动导航的过程中，驾驶席大概会变成一个娱乐空间。

另一方面，苹果对汽车安全方面并没有实际经验。面对"有了什么才算安全"等问题，必须由汽车厂商与政府监察机构一起定夺，而苹果在这方面接触甚少。所以当苹果开发汽车用的 OS 或者应用程序时，必须要与汽车厂商联手。如果这个对象是特斯拉，那也没什么好奇怪的。

丰田的优缺点

那些 ICT 企业，有些开发自动驾驶汽车，是电动汽车制造商的经营者，同时还是可再生能源企业或航天企业的经营者，运用电子商务企图发射无人驾驶飞机。如果他们想要正式进军汽车产业，原先那些汽车制造商仅靠开发、制造、销售汽车这些通常手段将无法再保住原先的竞争优势。

市场竞争领域变得错综复杂，就像上演一场"世界异种格斗技大赛"。在这些竞争领域重叠的部分中确立的竞争规则将变成行业门槛，现有的汽车制造商也许会迷失于这些竞争规则中也说不定。

美国"将要发生竞争的"领域，可以归纳成以下三块：

· 硬件

· ICT

· 能源

在这个大环境下，需要确保的不仅是各领域内的优势，领域外的关系也需保持，最好也能做到领先。

让我们来看丰田，丰田现下的优势与薄弱环节究竟在哪里？通过图 2-15，我们可以看到那些"参与"世界异种格斗技大赛的"世界级选手"主要占领了这三个竞争领域中的哪些位置。

	谷歌	特斯拉	苹果	亚马逊	丰田	软银
硬件	△	◎	◎	△	◎	—
ICT	◎	—	◎	◎	△	○
能源	△	○	△	—	△	△

出处：由 GF Research 制作

注：◎表示优势较大，○表示优势较小，

△表示薄弱环节，—表示无，即未涉及该领域。

图 2-15 "世界级选手"在主要三大竞争领域内的竞争优势评价

评价会因判断者不同而多少有些出入。这里主要是用于理解各个"选手"在哪些领域是行业翘楚，在哪些领域还需多加努力。

其中，丰田不足的和欠缺的是"ICT"与"能源"。只要丰田是日本企业，在能源方面，它就不得不对化石燃料和可再生能源丰富的国家的企业甘拜下风。因此，关键就在于如何强化 ICT，以及如何获取能源了。

丰田章男是否能将丰田成功转型成 ICT 企业?

    丰田家族有个重要的家训:"一代一事业",丰田汽车的社长丰田章男曾说过,如果给他放假一年,他想"建立新生企业,想成功创业 10 余家……也有兴趣成立小规模的公司"[①]。

    然而,如今的丰田最被期待的毫无疑问是这几个方面:"在硬件(汽车)活用 ICT,提高用户·驾驶者的使用感,继而提供更好的生活方式"。这需要大规模的投入。如果丰田企业内部没有资源,只能选择积极致力于外界。

    在新的竞争领域里,相互竞争的企业有谷歌,也有特斯

---

① 木下隆之:《丰田章男的人格魅力?》,学研 2010 年版,第 192 页。——作者注

拉，但不是大众。丰田章男必须做出一个选择，而这个选择在丰田的历史上从未出现过。也许丰田章男是历任社长中唯一的一个需要作出这种选择的。

如果丰田章男向 ICT 领域发起挑战，要说他完全没有胜算，也并非如此。

在丰田的 IT·ITS 企划部，负责多媒体和车联网 Telematic（通过无线网络将车辆接入互联网，为车主提供驾驶、生活所必需的各种信息的业务）的 e-TOYOTA 部门，前身就是丰田章男开设的商务改革信息技术推进室，甚至还建立了 GAZOO 事业部。建立 GAZOO 网站的初衷，是想与经销商之间建立起一个二手车辆买卖的服务平台。运营之后，以 GAZOO 作为基点增设了 G-BOOK（面向一般车型）与 G-Link（面向雷克萨斯车型）两个服务系统，开启了车联网服务。[1]这作为汽车制造商来说，算是 ICT 领域内的先锋了。

除丰田和雷克萨斯品牌外，富士重工、三菱汽车、马自达也都使用了丰田的 G-BOOK 系统。[2]但从智能机行业来看，丰田的发展规模仍旧相去甚远。在 2013 年，全球汽车生产量为 6500 万台。[3]其中能接通互联网的汽车只有极少一部分。

---

① 木下隆之：《丰田章男的人格魅力？》，学研 2010 年级，第 148-151 页。——作者注
② http://www.toyota.co.jp/jpn/company/history/75years/data/business/it-its_e-toyotagazoo/e-toyota-gazoo.html ——作者注
③ http://www.jama.or.jp/world/world/world_t2.html ——作者注

而同年，智能机的销量是 9 亿 6800 万台。其中三星 3 亿台、苹果 1 亿 5000 万台。[1] 即便今后丰田想用 G-BOOK 系统继续打开其他企业的市场，考虑到智能机的年销售台数，针对汽车的车联网服务平台的未来也是一片艰难险阻。

当销量普及困难、事业的扩展前路渺茫时，一些企业就会采取迂回战术，制作应用、发布资源等，继而活用通信公共服务设施或接通外界网络。我认为，今后的车联网服务，只有类似确保汽车安全性的功能，例如告知驾驶时的异常，而娱乐方面很大可能直接使用智能机的服务平台。

一个是以安全性为中心的车联网服务平台，一个是以休闲娱乐为中心的服务平台，这两者是否会被合并，很容易受汽车制造商对安全问题认识程度的影响，也是个容易让刚刚起步的新兴企业起挑战心思的领域。

迄今为止已经发生了太多次相似的争论。比如，手机普及时，股票市场就引发了"是电话取代手机，还是手机取代电话"的争论。最后是半导体的细微进步伴随了移动通信系统的升级普及全球，手机（智能机）的销售台数也远远凌驾于电脑（包括笔记本）之上。

游戏行业也是，从被称为"主机游戏"的固定型游戏机开始的企业，例如任天堂以 GAMEBOY 为开端发售了任天

---

[1] http://www.gartner.com/newsroom/id/2665715 ——作者注

堂 DS，索尼也将手掌游戏机 PSP 投放于市场。最终，手掌游戏机的销售台数使主机游戏的销售台数大幅上升。

这些游戏公司由于智能机的迅速普及、带有支付功能的服务平台上的服务与资源急速增加，迫使原来的游戏市场经历了一场严峻的考验。因为那些娱乐游戏要在短期内夺回用户的"时间"与"钱包"。

诸如此类，我认为虽然行业、应用程序大相径庭，但以下三要素是否聚齐，将成为商品普及、扩展速度提高的关键：

- （微型）携带型
- 可以连接移动通信网络
- 拥有服务平台（作为一个资源聚合平台，拥有线上支付、资源收集和整理并发给终端用户等功能）

从应用程序及资源开发者的角度来看，也许会认为福特的车载情报系统 AppLink 的市场太小，根本就是小打小闹吧。对于生态系统的设计它还太勉强。而作为服务平台汽车制造商，可以参与的是有竞争优势的安全性定义、设计与运用。

顺便说，苹果会在 2015 年[①]发售苹果手表 Apple Watch。它是一个可佩带的硬件，内搭心率检测技术。[②]现阶段已经出现了褒贬不一的声音，我们设想，如果规定汽车的驾驶者在行车途中必须佩戴一个装置的话会有何不同。

---

① 本书上架于 Apple Watch 上市之前。——译者注
② https://www.apple.com/jp/watch/technology/ ——作者注

通过 Apple Watch 的心率检测技术，它可以一定程度上了解驾驶者的身体健康状态与心理状态。在行车过程中把这个数据转送给汽车，如果出现了异常状况，即便是今后的自动驾驶也会立刻开向可停靠车道，如果在高速公路上则会从最近的出入口迅速离开高速。

不仅如此，如果该佩戴装置拥有驾照功能，那汽车的安全性又能更上一层楼。比如搭载心率检测技术或其他技术后，能够事前检测出是否摄取过酒精，那些因酒驾导致的悲剧就能够及时避免。

汽车制造商们如果出售卖该产品，比如名为"丰田手表TOYOTA Watch"，撇开大面积普及的问题，如果和受消费者欢迎的制作商家合作，汽车用户界面的选择也会增加，也能更加确保安全问题。如果苹果与特斯拉合作，等于同时拥有了安全性与娱乐性，它能建立起一个新的事业领域，此时这两个领域的竞争对手不得不面对更高的行业门槛。

无论如何，我认为仅靠汽车制造商的单独发展，想要提高使用感受是一件非常困难的事。

丰田的隐患——缺少海纳百川的基因

为何丰田章男可以在丰田主导 GAZOO 事业并创立 G-BOOK？他于 1998 年 4 月继任了 NUMMI 的副社长，在此之前，他曾去美国留学，拥有就职于金融机构的经验。迈入不惑之年之际，他又再度赴美。当时 NUMMI 还在美国加利福尼亚州，靠近硅谷一带。当时互联网泡沫还没有崩溃，所以当地想必是一派充满活力的氛围。

NUMMI 地处海湾边，面临硅谷，离库比蒂诺和山景城也不远，苹果总部与谷歌总部就分别位于这两个城市。前文中有提及，现今 NUMMI 已变成特斯拉工厂，而特斯拉的总部就位于硅谷北部的帕罗奥多。丰田章男从 1998 年起在那里生活，直到 2000 年回国。

在 20 世纪 90 年代，大批互联网企业选择在加利福尼亚创业，很多在此后获得了极大发展。也许丰田章男在去 NUMMI 赴任前，就已经对那边产生兴趣了吧？客户关系管理（Cutomer Relationship Management，简称 CRM）与销售自动化（Sales Force Automation，简称 SFA）相关的企业也相继诞生于那个时期的那个地方。一些 CRM 软件服务提供商，如希柏软件公司（Siebel CRM Systems）与赛富时公司（Salesforce）分别创立于 1993 年与 1995 年。此外，在电商和互联网媒体企业中，易贝（eBay）、雅虎（Yahoo）创立于 1995 年，谷歌则是在 1998 年成立。他们也都将据点设立在了硅谷。

丰田章男在 NUMMI 工作了 2 年，相信他因此对 ICT 将会在今后改变产业结构有了充分的认知。2000 年回国后，他立刻就任 GAZOO 事业部的调查主任[1]。他能创立丰田的 ICT 事业，是不是因为他时刻谨记丰田家家训"一代一事业"的缘故呢？

可是从 2000 年至今，汽车与 ICT 的结合似乎并没有发生什么翻天覆地的变化，包括车载导航仪在内。连备受瞩目的 ITS 技术也被比喻成"海市蜃楼技术"，迟迟没有见到具体落实。

---

① 木下隆之：《丰田章男的人格魅力？》，学研 2010 年版，第 151 页。——作者注

打破这个僵局的是互联网企业。它们盯上了发展缓慢却拥有丰厚的当期净利润和股东权益的汽车行业。虽说各个国家和地区对软件开发有规则限制，但是旧企业那些花上5年时间才开发出的应用程序，终于开始正面迎战那些运用敏捷开发（agile）或公测版迅速开始的服务，并要适应这些ICT企业的竞争规则。

竞争规则发生改变的时刻，也就是各个产业的"多事之秋"。此时，最重要的是经营者决定策略的速度。比起决定的策略是否正确，决定策略的速度越快，就越能提高决策循环的次数，也就增加了修正决策的机会。这就是敏捷开发和公测版受到ICT业内欢迎的原因。

企业经营永远是一种"相对评价"。经营者的年龄也是评价指标之一。图2-16显示了主要ICT企业与汽车制造商的CEO的出生年份与创业年份。

从中可以看出，近年来汽车制造商的经营者的年龄正趋于年轻化，但仍是以50~60岁居多。对于传统的汽车制造商来说，由于商品的开发时间长，还要与监察机关、工会之间进行谈判交涉，因此并不可能由年轻人担任经营者。另外，汽车不是儿戏，它肩负性命，所以自然也没有公测版发布一说。因此可以说，汽车产业一直以来是年长经营者的舞台。

另一方面，丰田未来的竞争对手，谷歌、特斯拉等经营者的年龄多为40岁出头。这意味着，汽车制造商经营者要

企业名称	CEO	CEO 出生年份	公司成立年份
苹果	蒂姆·库克 （Timothy Donald Cook）	1960 年	1976 年
亚马逊	杰夫·贝佐斯 （Jeffrey Preston Bezos）	1964 年	1994 年
谷歌	拉里·佩奇 （Lawrence Edward Page）	1973 年	1998 年
特斯拉	埃隆·马斯克 （Elon Musk）	1971 年	2003 年
戴姆勒	蔡澈 （Dieter Zetsche）	1953 年	1890 年
福特	马克·菲尔兹 （Mark Fields）	1961 年	1903 年
GM	玛丽·博拉 （Mary barra）	1961 年	1908 年
大众	马丁·文德恩 （Martin Winterkorn）	1947 年	1937 年
丰田	丰田章男	1956 年	1937 年

出处：根据多方资料由 GF Research 制作

图 2-16　主要 ICT 企业与汽车制造商的 CEO 的出生年份与公司
成立年份

和比他们年轻 10 ~ 20 岁甚至以上的经营者比拼决策速度。就连苹果和亚马逊的经营者，也比谷歌、特斯拉的经营者大上将近 10 岁。

那么在这样的竞争环境中，丰田需要采取的措施是？

站在丰田的立场上，选择只有两个。

其一，凭借较强的资金筹措能力，把以往丰田没有接触过的企业和资源收入囊中，使汽车（硬件）与自动驾驶的平台一体化，也就是自发地投入"系统竞争"中。从眼下丰田的股东权益和现金流量考虑，它在系统竞争方面还有胜算。

不过首先，经营者必须有这样的想法——"企业内如有不足之处，就去外界收购"。无论是谷歌还是苹果，都在通过 M&A 购入原本企业内部可以从零开始开发的技术或服务。同时，它们还会向外界告知自己的收购意图，以生成信息收集周期。我们应该有效利用这张无形的情报网和能够充分发挥它效用的资产。

看准这个竞争领域的 ICT 企业，它们的经营者尚年轻，在做决策的速度方面，传统汽车制造商的经营者要吃亏许多。除此之外，这个选择关乎整个国家，代表了国家与其他企业竞争，因此一旦失败，企业可能直接被否定存在价值，一败涂地。反之，如果最终能在这场竞争中屹立不倒，那就等于坐拥世界的霸权，能换得 20 年甚至 30 年的安泰。

另一个选项就是擦亮眼睛，看清 "究竟哪家企业能成为系统竞争的霸主"，并紧随其后。就像三星当初采取了搭载谷歌安卓系统，最终成为全球 No.1 智能机制造商的战略一样。丰田在世界各地都有工厂，是想要自己称王，还是将来不断为王者提供硬件，丰田能够选择的路，只有这两条。

　　只不过，如果通过向胜利者提供硬件，对对方的系统产生很大的影响，就很可能被迫接受对自己不利的合约条款，离企业停止生长也不远矣。因此，此举就好比"虎口拔牙"。

　　最终会选择哪条路，全看企业的经营者。当下正处于两者皆可选择的重要时刻。若将这个决策放到五年后，怕是为时已晚。

Google

VS

第三章
竞争领域素来是从硬件转向系统的
——战场是"城市"

自动驾驶实用化后，城市会发生什么

　　有了自动驾驶技术之后，行车会更安全吧。而汽车作为硬件接通了网络之后，就会产生新的用户界面和用户体验了吧。届时，汽车的制造流程也会比现在的价值链来得短。随着时间的推移，各个竞争领域的强者应该已经尘埃落定。但是真正的王者应该对各个领域都有清楚的认识，并把这些领域整合在一起，设计出一个新系统，并有能力建立和使用它们。

　　若想让自动驾驶系统高效率运行，必须具备什么条件？是图形处理技术？是电动汽车的电池效率？还是 ITS 覆盖区域的扩大？

　　也许这里的每一项都是重要的，但我认为，最重要的是"城市设计"。

我们设想，当我们已经迈向新时代，谷歌的"无人驾驶汽车"——自动驾驶汽车的最终形态，已经可以稀松平常地穿梭于大街小巷，俨然成为人们上下班不可缺少的代步工具。那么，整个城市的能源效率会发生怎样的转变呢？想必发动机与电池的控制技术又更进了一步，电动汽车的能源效率换算到每台，要比汽油汽车高出许多吧？那么从宏观上看，大部分人利用电动汽车上下班，是否会有更高的效率呢？从郊区通往市区的铁道等大量通行工具，是否也可以退休了呢？

另外，一旦自动驾驶汽车普及，我们可以期待拼车（car share）服务的增加。但细想来，一旦无人驾驶技术成熟，汽车就会成为终极的私人空间。在这种情况下，还会有"拼车"这个概念吗？到那时候，人们的"独占"意识会不会比现在更强？因为是无人驾驶汽车，自然车内的设计自然排除了驾驶者这一块。如此一来，车内环境就可能像家庭影院一般，自然会有车主对显示器、音箱等提出更高的要求。于是与拼车相反，也许会诞生"超级定制车"。

眼下智能机大量普及，同一家制造商的客户端功能相同，应用程序相同，云服务也能做到简单且成本低廉。但我们却完全看不到智能机分享或电脑分享这样的业务。就连企业里工作用的电脑，也很难分享，一般都是分配到每个人，由企业进行资产管理。

既然无人驾驶汽车被视作私有物，那么在你早晨驱车上班，从郊外驶向市中心之后，它怎么办呢？很遗憾，虽然市中心高楼林立，却容纳不了所有从郊外涌入的汽车。

那么作为私有财产的无人驾驶汽车在把主人送到目的地之后，要怎样停靠呢？即便它能像漫画《龙珠》里的筋斗云一样可以呼之即来，那在"来"之前，它又该如何是好呢？这是个很实际的问题。虽然我们可以安排它去充电站充电，也可以在室外屋顶的太阳能板边充电。问题是，市区里有那么多充电站和太阳能发电区域吗？当然如果真的有那么多，那停车场的概念也将发生变化。

也许届时连居住环境也会发生改变。独居的年轻人宁愿贷款买无人驾驶汽车也不愿付房租，说不定会出现许多退掉出租房、开始在车内生活的人。因为无人驾驶汽车要接通网络，所以如果通过移动通信企业购入车辆，那也许每月支付的对象就换成了移动通信企业。

人们在放学、下班之后，无人驾驶汽车就会过来迎接。把主人送回家之后如果没有停车位，就开启"流浪模式"，计算能源效率，自动在街上徘徊，然后在翌日清晨根据设定好的时间准时接主人上学、上班。如此一来，租赁单间公寓的理由就少了一条了吧。不过，我们要考虑的社会问题是，这很有可能会引发年轻人因一直在车中度过而减少与外界的交流。

可以发现，只是在如今的系统里加上一个新的应用程序，社会就会受其影响出现连锁反应，并波及社会的每一个角落。这个系统是联动的，一直保持动态，从未停息过。而能把这个新系统打造成高效且可持续的人，非"系统设计师"莫属。

无人驾驶系统的设计师必须具备的条件

导入无人驾驶汽车后，为了能够更有效率地使用它，城市设计是不可缺少的一环。如果一个城市的设计规划不完善——不单单指公共服务设施，也指法律法规这些无形的社会制度——那无人驾驶汽车也很难跑起来。

我们设想一下，当无人驾驶的过程中，系统出现故障，发生了事故。那这起事故的主要问题是出在依靠无人驾驶系统运作的硬件上呢，还是出在通过移动通信网络的由中央控制的系统上呢？无人驾驶汽车引起的事故，可能远比我们现今面对的交通事故要复杂得多。因为一旦它发生事故，可能不仅仅是一场小小的交通事故，而很有可能是因为系统不完善引起的大规模事故。

　　我们假设无人驾驶系统运转，那么这将是一个庞大的系统，是一个具有很大公共性的公共服务设施。如果这个公共服务设施被不法黑客入侵，导致异常情况发生，就很有可能上升成大型事故。因此，人们需要完善的不仅是无人驾驶系统，连安防系统都必须到位。

　　由于无人驾驶系统故障而发生事故，责任不应该由乘客来负担，但关键是，乘客的事故责任比例真的完全为零吗？比如乘客乘坐电车，当电车发生事故，乘客不承担任何责任，并且是受害者。当无人驾驶汽车发生事故，是不是同样由提供服务的运营公司承担所有责任呢？还是搭乘无人驾驶汽车的乘客也需负一部分责任呢？这一责任认定对别的领域也会产生巨大的影响。

　　当无人驾驶系统发生故障导致事故时，如果乘客不需要负责，那对于保险公司来说会是一个巨大的变化。依靠无人驾驶系统运转的汽车虽是私人财产，但发生事故时个人却不会被问责，那车主也就没有必要参加汽车保险了。保险公司只需与无人驾驶系统的运营商签保险合约即可。

　　另一方面，警方也不用再费心判断驾驶者是否是肇事者，继而减少了交通事故调查的工作量。如果交通事故只算做系统的原因，那追查原因的地方不再是事发现场，而是系统运营商总部所在地。

　　如此一来，无人驾驶系统的设计师与运营商，不仅限于控制汽车这一小块领域，在设计出系统之前，还必须确认法律，与监察机关交涉，并能够在系统上线后应对客户需求。而这些可不是随便什么人都能办到的事。

谷歌为什么会对无人驾驶系统产生兴趣?

谷歌会对无人驾驶系统表现出积极的态度，我认为有以下三个理由:

· 理由1　ICT领域将变得至关重要。

· 理由2　通过竞争领域水平的提高，促进企业成长。

· 理由3　增加"ICT领域的接触点"，也就是增加收益机会。

下面我将逐条分析。

· 理由1　ICT领域将变得至关重要。

首先，谷歌的无人驾驶概念，比特斯拉的自动导航理念更依赖于"系统的ICT领域"。在这个领域内，无论是传统汽车制造商还是像特斯拉这样的新兴电动汽车制造商，都不是谷歌的对手。因此，谷歌在这方面保有决定性的竞争优势。笔者在第一章中提到过，谷歌与特斯拉对无人驾驶汽车定义的诠释在根本上是不同的。我们再回顾一次图1-5，这次图添加了小部分评论。特斯拉的自动导航属于图内②"次世代汽车"的范畴，而谷歌的无人驾驶则是在图内③"次次世代汽车"这一块。次次世代的自动驾驶汽车将会是无人驾驶汽车。

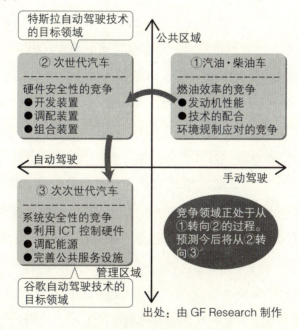

出处：由 GF Research 制作

图 3-1　汽车产业的竞争领域的转变（二次刊登）

作为非硬件厂商的谷歌，由于②的竞争领域中需要通过硬件确保汽车的安全性，所以它很难取得优势。因此，谷歌就把目光转向领域③ "次次世代汽车"，它在 ICT 独占鳌头，可以利用系统设计与其他企业一决胜负。

我们在第一章表 1-1 中也已看到，谷歌收购企业的动作变得日趋频繁，特别是大幅增加了对公共服务设施有关的收购。在它收购的这些企业中，可以应用于无人驾驶汽车的有 AI（DeepMind 等公司）与卫星（Skybox Imaging 等公司）。

在现阶段，AI 的任务以自然语言处理为核心。我们可以期待问答（QA）系统作为应用程序的出现。包括苹果的 Siri 在内，作为用户界面，声音识别还不能算成功。

而如果换到驾驶场景，语音作为输入方式是必不可少的。IBM 的问答系统 "沃森" 比谷歌领先，但谷歌目前对此也十分投入。它的研究方向是让 AI 拥有自我创造的意识，能够自发地创造 "持有更高智能的 AI"（最终结果就是计算机超越了人脑），这一想法也被称为 "奇点（Singularity）"。提倡这一点的是雷·库兹韦尔，之前已经提过他被谷歌任命为工程总监，他在谷歌的工作是 "率领团队开发 AI 与自然语言理解"。①

另外，Skybox Imaging 的功能是通过拍摄卫星视频，推测正在移动的对象的状况，并控制它。这不正是无人驾驶系统所需要的吗？

---

① http://www.kurzweilai.net/ray-kurzweil-biography ——作者注

如上所述，谷歌为建立无人驾驶系统，正在通过收购的形式来补充必需的技术和公司内部的不足之处。在这个准备的过程中，我们现在看到的谷歌无人驾驶汽车的雏形，就是通向各世代汽车的准备吧。谷歌无人驾驶汽车的雏形用丰田普锐斯和雷萨克斯 RX 等现有汽车作根基，它可以用于验证次世代汽车的可行性。而次次世代汽车的雏形则没有转向装置、加速器与手刹，光想到这些，就会觉得十分有趣（见图3-2、3-3）。可以想见，谷歌并不期望技术的一步登天，而是在进行谨慎的验证。

图片来源：AP/aflo

图 3-2　谷歌的次世代汽车雏形

图片来源：Google/Camera Press/aflo

图 3-3　谷歌的次次世代汽车雏形

·理由2　通过竞争领域水平的提高，促进企业成长。

谷歌致力于无人驾驶系统的第2个理由，就是意图将竞争领域推向"金字塔尖"，即从元件走向硬件，从硬件再走向系统。如此，竞争对手就会越来越少，也正是企业成长的大好机会吧。

正如我们所看到的，既能设计庞大的社会系统又能维持其运营的企业寥寥无几。它不仅考验技术背景，流动资金的有无和是否具有可持续性才是真正的入行门槛。即使无人驾驶系统的运营者投资了系统，完善了公共服务设施，也很难从运营之初就获得收益。能够顶住投资金额和服务上线初期时的损失压力的企业着实不多。

即使是那些全球企业，像谷歌这样拥有将近10兆日元股东权益、每年当期净利润达 1 兆日元以上并能够稳定维持的企业也甚少。想要担负起公共服务设施的建设，企业必须可长期筹措"现金"，因为公共服务设施需要持续性地保障建设资金的来源。

对于利用互联网广告急速成长，销售额接近 6 兆日元的谷歌来说，如果新开辟的事业不能达到约 100 亿美元的市场规模，谷歌是不会出手的。纵然谷歌的销售额已经接近 6 兆日元，资本市场仍会要求企业的增长率保持与过去接近的水平，而且它也无法投资比互联网广告事业利润率低的领域，因此，谷歌能选择的事业只有公共服务设施了吧。

· 理由3　增加"ICT 领域的接触点"，也就是增加收益机会。

第 3 条理由是，因为无人驾驶系统离不开城市设计，所以谷歌很有可能打算通过参与城市设计，增加其擅长的 ICT 领域的接触点。

对于谷歌来说，能展现其 ICT 领域竞争优势的媒介是互联网，它的收益机会正是互联网广告。谷歌一直在思考，有什么应用（媒介）可以像互联网广告一样，让它随着 ICT 领域的竞争优势获得收益机会呢。为了找到这样的机会，"城市"具有非常多的接触点，同时也是在动态发展的。

对于谷歌来说，城市具有数量占绝对优势的接触点，且能提供长远的收益机会，是一个十分合适的市场。

城市设计规划的前景

　　一座城市就是一个成长的市场。请看图 3-4，可以观察
到世界各地城市人口的增长。[1]其中增长速度最快的是非洲，
2010—2013 年间的年平均增长率为 3.4%。位居第二的是亚
洲，增长率为 1.97%。北美的增长率不到 1%。

　　面对城市的人口增长，每个国家最大的难题都是"能源
供应"。换言之，要如何满足和运用城市中人们生活和企业
经济活动的能源。如果无法供应足够的能源，那连城市人口
最基本的生活都无法保障。

　　另外，如果能源引进不足，很可能会连潜在的经济增长

---

① 矢野恒太郎纪念会:《世界各国情势调查图册》，2014/15 年版，第 38 页。——作者注

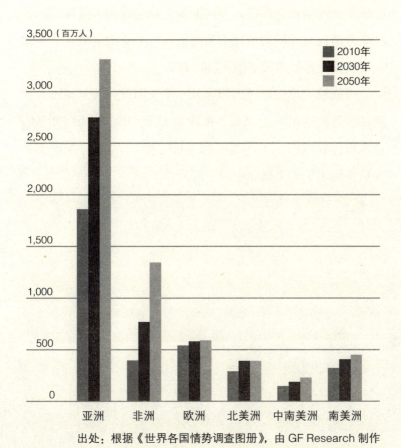

出处：根据《世界各国情势调查图册》，由 GF Research 制作

图 3-4　世界各地城市人口预测

都无法实现。当能源调配的成本上升，产品成本就会高出调配成本低的国家。因此，如何廉价、稳定地调配能源，如何在能源消耗量相同的情况下为居民发挥出更大的效果、实现经济成长，是城市发展的关键所在。

　　可以稳定提供能源的国家并不多。因此，智慧城市、智慧社区等概念的核心都在于解决能源安全保障方面的问题。日本媒体在报道这类问题时都会称之为"节能"，但事实上这只是聚焦了这个概念中的一部分。

美国的能源消费情况

　　虽然现在美国已经可以低价提供页岩气或页岩油，但它的最大问题是能源消费大量用在"交通"——即运输方面。美国国土辽阔，以汽油汽车和飞机为中心的交通基础设施结构是个问题。图 3-5 显示的是美国的最终能源消费及各消费部门的详细情况。从图中可以看出，交通占美国最终能源消费的 39%，是消费最多的一个部门。

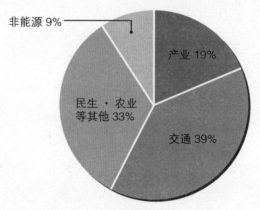

非能源 9%

产业 19%

民生・农业
等其他 33%

交通 39%

出处：根据 IEA、能源经济统计要览 2013，由 GF Research 制作

图 3-5　美国的各能源消费部门中，最终能源消费的详细情况

（2010 年）

美国遇到的另一个问题是，能源消费构成比自 20 世纪 90 年代以后就一直没有得到改善。

图 3-6 显示了美国的最终消费能源中交通所占的比例。进入 21 世纪，这一构成也没有发生很大的变化。就算次级抵押贷款使得美国经济高涨的时期，这一构成比仍然没有什么变化。

美国经济发展中，原本应该享有的经济成长却会因为低效率的交通基础设施遇到瓶颈。

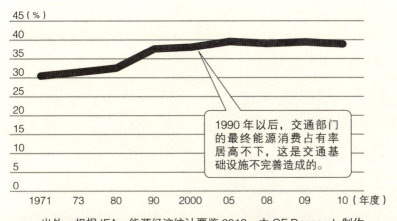

1990 年以后，交通部门的最终能源消费占有率居高不下，这是交通基础设施不完善造成的。

出处：根据 IEA、能源经济统计要览 2013，由 GF Research 制作

图 3-6　美国交通部门的最终消费能源占有率变化情况

再看图 3-7，日本的最终消费能源中，运输部门的占有率为 25%。另一方面，工业部门中制造业的消费比率最高，占全体的 46%。

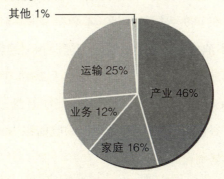

出处：根据经济产业省 /EDMC、能源经济
统计要览（2013），由 GF Research 制作

图 3-7　日本的各能源消费部门中，最终能源消费的详细说明

（2009 年）

谷歌的城市规划

那么，谷歌在城市化发展中能够参与哪些角色，又看准了哪些商机呢？让我们根据"谷歌收购的企业类型"猜测一下。

Google X 的负责人阿斯特罗·泰勒在说出"对能源感兴趣"之后，[1]不消多时谷歌就收买了与能源相关的企业。

在能源领域中，最应该关注的是它于 2014 年收购的智能家居公司 Nest Labs。[2] Nest Labs 是智能恒温器、烟雾探测器的制造商。谷歌对能源与家居相关的收购以 Nest Labs 为

---

[1] 阿斯特罗·泰勒在网站 http://www.wired.com/2014/05/astro-teller/ 中表现出了对能源与农业的兴趣。在美国的消费中，从各行业的最终能源消费详情（2010 年）来看，可以发现美国在农业方面十分依赖能源。而谷歌已经掌握了以能源为中心高效发展各种农业的切入口。 ——作者注

[2] Nest Labs 的 CEO 原是苹果 iPod 部门的总经理。http://wired.jp/2014/02/02/nest-labs/——作者注

中心进行，2014 年 10 月 Nest Labs 并购了 Revolv，这是一家制造集线器的企业，它的集线器可以控制从智能机到控制智能元件的各种设备。[1]同年 6 月，居家监控企业 Dropcam 也被纳入 Nest Labs 旗下。

如果今后的生活家电都能连接网络，时刻掌握能源的使用数据，企业就能提供使各家各户消费的能源更加效率化的服务。谷歌收购的 Nest Labs 等一系列硬件企业，以制造智能家电为主，一旦把这些家电连接到网络，就可以实现一个平台，随时提供与能源相关的服务。

波士顿动力学公司（Boston Dynamics）是一家制造军用机器人的公司，于 2013 年被谷歌收购。那么，军用机器人究竟与城市设计有何关联呢？

图 3-8 是该公司制造出的拥有四肢、可搬运货物的机器人"大狗（Big Dog）"，原是为了帮助士兵运送物资而诞生。以笔者个人的推测，在美国的市中心，像快递这样的小件运输是否能交给机器人呢？美国的运输企业希望根据运输路线，进行高效率的配送，日本也是如此。如果投入 AI，就能通过最优化的运输路线配送了。

像"大狗"这样的异形机器人如果出现在市中心，未免有点骇人，但如果特别设置一片可供其行走的区域并善加利

---

[1] http://www.nbcnews.com/tech/innovation/googles-nest-snaps-revolv-gets-closer-smarthome-domination-n235026　——作者注

用的话，这种机器人或许能成为美国交通改善能源效率的方法。想象"大狗"挨个儿从物流仓库出来虽然有点可怕，但如果能改善能源效率，作为可能性之一，也是值得考虑的。

也许谷歌还会积极地从城市交通的效率化着手。它旗下的风险投资基金 Google Ventures[①]正在投资地图服务 Urban Engines[②]。虽然谷歌声称 Google Ventures 并非为谷歌做战略性投资，但该企业的共同创始人同时也是 CEO，原先就是谷歌的工程师，对谷歌知根知底。

图片来源：picture alliance /aflo

图 3-8　拥有四条腿的机器人"大狗（Big Dog）"

---

① https://www.gv.com/about/　——作者注
② https://www.urbanengines.com/about/　——作者注

亚马逊参与城市设计的可能性

亚马逊在全世界都拥有大规模的仓库，其中的操作全部是自动化的，运用数据监控实现库存管理。也许我们会认为，亚马逊在这一套流程上已经驾轻就熟，而事实上，与拥有实体店的零售商相比，亚马逊还没有达到"压倒性优势"的水平。[①]

图 3-9 记载了亚马逊的 CCC 情况。其中，它的库存周转天数是 49 天，而家电零售商巨头百思买是 62 天，这意味着亚马逊并没有显示出压倒性的优势。[②]亚马逊的应收账款

[①] http://www.teslamotors.com/sites/default/files/blog_attachments/hyperloop_alpha3.pdf ——作者注

[②] 亚马逊从创业初期至今，不断扩大着它的电子商务，但截至 2013 年年末，书籍、音乐、游戏、数字产品等的销售额不超过整体销售额的 29%，占据销售额 66% 的是家电商品和日用杂货，因此它常被拿来和百思买做比较。 ——作者注

　　与存货资产周转天数已经存在递增趋势，由于它将应付账款
周转天数维持在近 100 天，使得 CCC 成负值，笔者猜测它
可能将资金转向了前期投资。

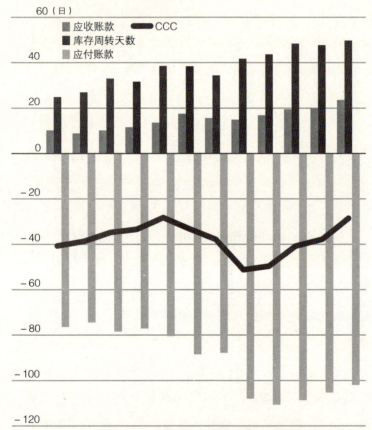

出处：根据 SPEEDA，由 GF Research 制作

图 3-9　亚马逊现金循环周期（CCC）详情

　　如何才能减少存货资产周转天数？牢记这一条——"只

采购卖得动的商品，并且迅速发货"。在这里请读者想一下，为何亚马逊会尝试使用无人配送系统的无人机（UAV）？因为当 UAV 可以高效率地配送货物时，亚马逊的存货资产周转天数问题就可以得到改善，进而增加用于投资的现金。对于亚马逊来说，如果制造出一个可供 UAV 飞行的环境对整个企业来说十分有利。换言之，让 UAV 自由飞行，就是亚马逊参与城市设计的诱因。

对于亚马逊来说，在当期净利润并未全部清算的情况下，实现高效的物流操作，是企业投资不可缺少的一步。因此，它不仅要改善仓库的运营方式，还要提高物流的效率，因此，亚马逊参与了 UAV 事业，甚至想要参与货物运输。

Google Y——城市群设计

　　说到这里，我们从谷歌开发的无人驾驶汽车中，可以看到它对城市设计的关心程度。并且，谷歌的构想不仅包括了城市内部的设计，它对城市群设计的想法也慢慢地浮出了水面。谷歌的 CEO 拉里·佩奇表现出了对超高效率的机场建设的兴趣。[①]Google 2.0 亦被称为是 Google Y 的开端。

　　佩奇的这番发言其实有一个背景。在 2013 年 8 月，针对美国加利福尼亚州的高铁建设，特斯拉的埃隆·马斯克表示："高铁这种东西又贵又慢"（原话的口吻更加讽刺），顺

---

① http://www.businessinsider.com/now-googles-larry-page-wants-to-reinvent-airports-2014-9 ——作者注

便提出了高速移动方式"超级高铁（Hyperloop）"[1]，之后又公开了厚达 58 页的计划书。

超级高铁"漂浮"在管道中行驶，从旧金山到洛杉矶，只需短短 30 分钟。针对马斯克的这一设想，佩奇则认为飞机也能达到同样的效率，但问题出在机场。因此，佩奇正带领着谷歌研究着穿梭于城市群之间的最有效方法。

如果说 Google X 是从硬件出发，最终发展到城市设计，那 Google Y 一开始的目标就是城市群设计。谷歌接二连三地开拓设计领域，每一次都超越自己的极限，增加与自己可能解决的问题的"接触点"。在谷歌如此不断的发展中，能与其较量的企业开始变得越来越少。笔者觉得，Google Z 的事业说不定会与宇宙有关。

---

[1] http://www.teslamotors.com/jp/blog/hyperloop　——作者注

沃伦 · 巴菲特的智慧国家构想

　　至此，我们了解了谷歌在 ICT 领域的竞争优势和投资的企业，以及谷歌对未来的期许。其中，我们发现谷歌已经从互联网广告事业迈向了更广阔的世界，它对城市设计、城市群设计怀有极高的兴趣。

　　接下来，我们来观察其他一些有远见的人是如何看待未来的。

　　投资家的工作就是预测未来、投资当下。对于投资家来说，投资组合就是投资家自身所有的主意和想法的精华。无论结果是否如同投资家所预测的那样呈现，投资组合是投资家参考了各种各样的剧本得出的最终未来预想图。

　　其中，大规模进行此类投资并取得成功的投资家，就是沃伦·巴菲特。如果说投资组合是投资家的未来预想图中的一部分，那通过分析巴菲特经营的保险公司伯克希尔的投资组合，就能窥见他对未来的看法。

在这里，我们将通过解读伯克希尔的投资组合，进一步试着去解读巴菲特本人的想法。巴菲特喜欢投资美国。巴菲特在投资组合中，透露出了他本人想要如何设计美国未来的意愿。

在伯克希尔的投资组合中，如果将上市股票按持有金额的多少来排序，以在美国拥有 6000 多家门店的金融机构富国银行（William Fargo）为首，还包括了可口可乐、美国运通公司（American Express）、IBM 等企业。在伯克希尔 2013 年的年度报告中，单独把这四个品牌与其他投资股票区分开，并称这四个品牌为“四巨头”，展示了对这四个品牌的投资信心。

但伯克希尔对上市股票的投资总额，至 2013 年 12 月末为止只占了它总资产的 24%。由此可以看出，不能根据对上市股票的投资来看一个企业整体的投资组合。比如说伯克希尔，除了其投资的上市股票，还需把它想要购买以及吸收的企业也考虑进去。

伯克希尔把美国第四大汽车保险公司 GEICO 与通用再保险公司（General Re）纳入了旗下，而伯克希尔本身也是一家世界著名的保险公司。时至 2013 年 12 月末，它的总资产额约达 4849 亿美元。

不过，目前伯克希尔的业务组合已经不仅限于保险行业。除了保险外，"铁路、公益、能源事业"等公共服务设施业务成为企业收益的第二顶梁柱。在伯克希尔 2013 年整个财年的业绩中，公共服务设施业务的税前利润占整体的27%。

1990 年，伯克希尔收购了电力公司中美能源；2009 年，它又收购了铁路公司北伯林顿铁路公司（Burlington Northern Santa Fe Railway，简称 BNSF）。为什么身为保险公司的伯克希尔会收购电力和铁路公司呢？

BNSF 的收购价达约 340 亿美元，是伯克希尔有史以来最大的一次企业收购。决定收购 BNSF 是在 2009 年，正是美国处于"雷曼事件"之后的低迷时期。就在这样一个经济发展前景不清晰的情况下，伯克希尔却做出了收购 BNSF 的决定。

在当时，巴菲特甚至还说："我愿意把所有的资产都赌在美国经济的未来上。"巴菲特的这个发言一反常态，饱含情感。笔者觉得从这段话中可以看出，当时接近 80 岁的巴菲特，是从"作为投资家享受美国经济成长"的立场出发，决定为建设强大的美国而作出奉献。

通过伯克希尔，巴菲特掌握了电力与铁路，那么利用这两家公司，他会有何作为呢？身为一介平民，巴菲特却掌握了美国的能源供给与运输手段。正如笔者在本书第二章中提到过的，在未来的 20 ～ 30 年里，全球化企业的竞争规则关键是"硬件 ×ICT× 能源"。巴菲特的中美能源即"能源"，BNSF 即"硬件"。他在自身的投资组合中，发现了确保在全球化企业竞争中占据优势的关键要素。

中美能源是一家怎样的电力公司呢？该公司不仅在美国的爱荷华州及西部各州，甚至在英国也开展了业务，是一家全球化的电力公司。并且，它还通过子公司推进了天然气业务和不动产中介业务，这一业务在美国市场占有率排名第二。

其中尤其值得着墨的是中美能源对于可再生能源的态度。就如笔者在第二章中提到的，中美能源持有占有全美发电容量 14% 的太阳光发电和 7% 的风力发电。2011 年，中美能源表示将收购美国第一太阳能设备公司（First Solar）旗下的托珀兹太阳能发电厂（Topaz）[1]。虽然这一行为可以解释为是巴菲特为全力支持奥巴马政府推进的"绿色新政"，但事实应该没有这么简单吧？

以情景规划[2]出名的石油公司荷兰皇家壳牌集团（Royal Dutch /Shell Group of Companies，简称壳牌）曾预言，到 2060 年，人们使用的能源中，可再生能源的比率将会大幅

---

[1] https://www.theinformation.com/At-Google-CEO-Page-s-Dreams-Keep-Getting-Bigger
——作者注
[2] 情景规划（scenario planning）是理清扑朔迷离的未来的一种重要方法。要求公司先设计几种未来可能发生的情形，接着再去想象会有哪些出人意料的事发生。这种分析方法使战略更具弹性。

度超过当下，其中太阳能与风力发电的比重最大。壳牌根据其对 2060 年的预言准备了两套情景规划，而在这两套规划中，太阳能发电都是可再生能源中占比率最高的。中美能源应该也是基于这种长期的情景规划，战略性增加太阳光发电的容量。

那 BNSF 呢？在分析 BNSF 之前，我们来尝试给美国的铁路运输做一个定位。

伯克希尔 2011 年的年度报告中基于各项数据分析了美国铁路的重要性。美国的铁路运输量在所有往返于城市间的运输中占了 42%。另外，高速公路是由政府出资投资设备的，而与此相反，铁路是以民间资本为主体。如果今后美国经济继续成长，可以机动性地进行设备投资的就是铁道。否则，高速公路会比变得更堵塞，想要维持下去，恐怕更是难上加难。换句话说，铁路不仅是美国经济的大动脉，也是在考虑经济成长的扩展性时不可缺少的一个要素。

铁路运输如此至关重要，而 BNSF 握有铁路运输业 37% 的市场份额，从吨英里[①]来看，它包揽了美国总体城市间运输量的 15%（＝美国铁路城市间运输的占有率 42%×BNSF 在美国铁路运输行业的占有率 37%）。

这更进一步彰显了 BNSF 是美国运输业中的龙头老大。

---

① 衡量运输能力的单位。——编者注

综上所述，伯克希尔一边享受着美国经济成长带来的福泽，一边将美国经济成长的根基收入旗下。

然而，巴菲特买下 BNSF 的目的，不只是想掌握美国的运输工具这么简单。笔者认为在这背后存在着更深入的计算。

在美国，除开采固有的油田和气田外，还有许多"非常规资源"产出。其中的页岩油就是通过铁路运送往炼油厂的。

在美国中西部的最北边，与加拿大相连的北达科他州，是页岩气和页岩油的生产地，但因为以前这里并非最主要的生产地，所以输油管并不完善。伯克希尔于 2009 年 11 月公布了收购 BNSF 的消息，而根据美国能源情报局（EIA）的资料显示，北达科他州和它西部的蒙大拿州是非常规资源巴肯原油（Bakken Oil）的生产基地，从 2008 年至今，这里的生产量正在急剧增加。2009 年的日生产量达到了 20 万桶，而到 2014 年已经突破了 100 万桶。也就是说，它的产出量在 5 年间翻了 5 倍。

收购 BNSF 时巴菲特"我愿意把所有的资产都赌在美国经济的未来上"的这番话，在饱含深情的背后，也包含着两方面冷静的分析——页岩油产量今后必然会急剧增加，而要运输页岩油，唯有铁路这一种手段。

加之 BNSF 的铁路网在北达科他州和蒙大拿州居垄断地位，而它的竞争对手太平洋联合铁路公司（Union Pacific Railroad Company）在这两个州里几乎都没有铁路网。而和太平洋联合铁路公司一样，把总部设立在美国中西部的内布拉斯加州俄马哈市的伯克希尔，发现了这个决定性的差异。

然而，巴菲特对能源方面的投资并没有止步于 BNSF。2013 年，伯克希尔又收购了埃克森美孚公司（Exxon Mobil Corporation，以下简称美孚）的股份。巴菲特当时为什么会看准美孚呢？

美孚曾投资过与页岩气有关的产业。2009 年它收购了 XTO 能源公司（XTO Energy），2012 年又收购了加拿大的凯尔特勘探有限公司（Celtic Exploration）。然而到了 2008 年之后，页岩气的量产化导致了天然气价格大幅下滑。难道这次巴菲特的判断不像以往他对金融和消费相关股票的投资那么精准，出现了错误？

以下是笔者的推测，欢迎各位探讨指教。

从页岩气田中开采出的天然气，可以作为燃料给天然气汽车加气，并且已经在推进实施。利用现今价格大幅下滑的天然气，活用高效率的燃气轮机①，就可以以低廉的价格生产电力。这也就意味着可以降低电动汽车的使用成本。另外，从页岩气中还能以低廉的成本提炼出氢，这样就能供应燃料电池汽车所需要的氢了。

要完善提供天然气和氢的公共服务设施，就需要大量的投

---

① 一种以连续流动的气体作为介质、把热能转换为机械功的旋转式动力机械。

资，因此多数人认为汽车的动力来源不会简单地从燃油转变为其他能源。但是，美孚已经拥有了供应燃油的加油站网。换句话说，由美孚自身更改公共服务设施，就是最有效率的方法。

综上所述，汽车本身作为应用设备是不会发生改变的，但它的动力源会从页岩气开始改变，根据各种各样的技术支持，从汽油汽车变成其他各种各样的形式。美国的汽油汽车在燃油效率方面较之日本汽车来说，竞争优势还略逊一筹，但如果改变汽车的动力源，就能找到契机打破这个一成不变的竞争状况。所以我们可以认为，巴菲特掌握着使美国汽车产业复苏的钥匙。

在前文提到的将会决定下一个20—30年企业龙头的竞争规则中，还有一个要素尚未提过，那就是"ICT"。这是因为巴菲特一直表示讨厌技术企业，而且伯克希尔的年度报告中也写到，其收购企业时的基准是"只做单纯的生意。如果掺杂太多技术，我们会无法理解"。

如此，巴菲特的投资组合里就没有具备ICT要素的企业了吗？不。其实巴菲特已经大量收购了满足这个条件的企业，比如IBM。

伯克希尔在2011年宣布了持有IBM股份的事，那么在2011年，IBM到底发生了什么？当年，IBM的一大盛事，就是它的计算机"沃森"在美国智力节目"危险边缘"中打败了两名冠军解答者，一举夺魁。沃森是一个运用自然语言处理技术的问答系统。

作为巴菲特这样的人物，很难想象他会因为看了电视节目，节目里面放了沃森赢了人类，于是就决定投资 IBM。但不可否认，现在，自然语言处理技术是一个广受关注的领域。沃森能够服务的范围还需要在今后慢慢研究，但是很有可能，像客服中心这样必须通过人工进行劳动密集作业的工作，会被电脑取而代之。此外，如果它可以翻译多种语言，就可以垄断全世界对 QA 系统的需求。

如我们所见，当我们考虑世界今后二三十年的情况，会发现伯克希尔的投资组合中已经拿下了能源、ICT 与硬件领域中占据最重要地位的企业。极端地说，巴菲特已经把"支持美国强大下去的那些必不可少的企业"全部拿下了。

由此，虽然是以投资组合的形式，但巴菲特已经将发展智慧国家所需要的事业全部掌握在了手里，并且正在设计一个高效率的美国。

谷歌、亚马逊、特斯拉这样的新兴企业，让人们惊讶于它们做决策的速度之快、行动力之高。而相比之下，有一位能看清未来局势、合理分配资产的投资家坐镇美国，从长远来看，对国家来说是一个极大的支持。因为在考虑城市设计及其运行时，必须先实现资金的长期周转，这一点非常重要。

像这样在金融方面的支持，日本还很是稀缺。

Google
vs

第四章

革新是残酷的

"革新"的深意，还有人尚未理解

日本人平时喜欢把"革新"一词挂在嘴边，其实这个词并非嘴上说的那样轻巧。革新是"新旧交替的工具"，或多或少都会摧毁现有的系统。这里所说的"系统"，指的是价值链——包括研究开发、采购材料到市场营销、售后这一系列环环相扣的过程。

换言之，如果哪个行业出现了"发起革新"的呼声，也就意味着他们在高唱着要把谁"打倒"。伴随革新而来的从来都是残忍。

建立一个新的市场，这听起来感觉不错。然而，既然创新的商品是要面向消费者的，那么每个消费者的消费预算都有限度，于是，他们不得不对商品做出"选择"。其结果就是会有被选择的商品，亦会有被放弃的商品。

举个例子。图 4-1 里，把第 2 世代（2G）移动通信系统里功能手机（非智能手机）的巨头诺基亚，与 3G·4G 移动通信的革新家苹果，这两者之间的业绩做了对比。从图中能看出，诺基亚的营业利润在 2007 年达到了峰值。而当苹果在 2008 年 7 月开始发售对应 3G 的 iPhone 之后，诺基亚的业绩一路暴跌。可以说，这两家地位的转折点正是对应 3G 的 iPhone。

遭遇了转折点的诺基亚出路如何呢？为了能提高硬件的用户体验，诺基亚不仅收购了在安卓 OS 与苹果的 iOS 出现之前一度兴盛的塞班系统，还尝试与微软合作，却在 2013 年 9 月宣布将手机业务全部卖给微软。

就在短短 7 年时间里，全球手机行业的巨头就被逼到了卖产业的境地。只能说，革新带来的会是"尸横遍野"。

确实，市场在接受苹果的商品之后，消费者因为便利性而获得满足，因此把它称为"革新"商品。从表面上来看确实如此，但如果不像关注诺基亚的案例那样，去寻找革新背后阴暗的那一面，人们就无法充分理解"如果无法革新，企业的生存率会出现怎样的下降"。

笔者认为，日本人对革新还抱有着一种幻想，认为它可以"一边维持原有的市场或体系，一边在这基础上建立起新的事业"。这和美国对革新的认识完全不同。

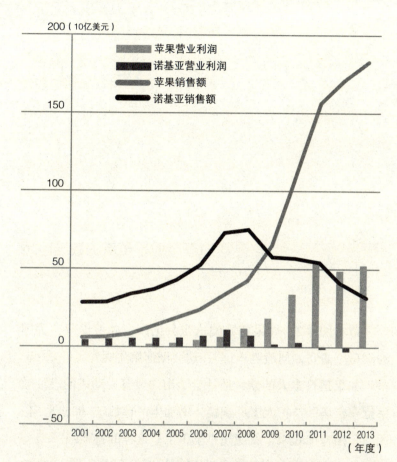

出处：根据 SPEEDA，由 GF Research 制作

图 4-1 苹果与诺基亚的业绩变化情况

  在美国，如果一天没有坚持革新，那就无法确保自己一直是胜者。并且，如果企图革新的不止自己一个，那么自己就随时可能被别人打败。无关企业的国籍与规模，革新面前，人人平等。

汽车产业是革新的最佳目标

请看图 4-2，如果您看到这张数据图，并被提问"美国的汽车厂商要如何战胜丰田"，您会做何解答呢？

如果是日本人的话，估计会给出"改善发动机的燃油效率抢夺市场"、"扩大工厂规模，增加生产台数"，抑或是"把通用和福特加起来，就能超过丰田了"这样的答案吧。

然而在美国，理解革新为何物的人们考虑的是，"现在我们竞争的市场中，它的竞争规则是什么"。如果自己是现有市场的领导者，就会以垄断市场为最终目标，采取重重策略。因为约瑟夫·熊彼特（Joseph Alois Schumpeter）[1]说过，

---

[1] 约瑟夫·熊彼特（1883 年 2 月 8 日—1950 年 1 月 8 日），一位有深远影响的奥地利政治经济学家，对于经济学科的思想史有着很大的贡献。

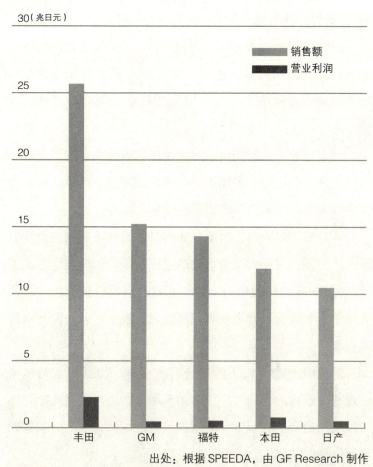

图 4-2　主要汽车厂商的销售额 · 营业利润（2013 年度）

出处：根据 SPEEDA，由 GF Research 制作

保持市场的垄断地位也是革新的一种。[1]如果自己还不是现有市场的领导者，就会考虑"如何让现有的竞争规则失去作

① 约瑟夫·熊彼特：《经济发展的理论（上）》，盐野谷祐一、中山伊知郎、东畑精一译，岩波文库出版社 1977 年版，第 183 页。——作者注

用"。因为打破市场的垄断也是革新的一种。

而刚才推测的几种日本人的回答，在理解竞争规则方面与美国人并没有什么不同，但日本人只会想要在现有的竞争规则中游刃有余。这也说明了日本的制造一线是非常优秀的。

然而这种想法却变成了日本企业的致命伤，它们自以为仍然在过去的规则中互相竞争，回神却发现规则早已面目全非。事实上，这种先例已经不胜枚举。

并且恕笔者直言，日本企业本身就是竞争规则被改变的原因。例如，由于太过追求制造过程和设计的完美，形成了"谁也无法赶超"的格局。当领先者越来越难被模仿，大多数竞争企业就会放弃在现有规则的延长线上拼杀，而是直接掀起革命。

油电混合动力汽车的原理有很多种，但基本上是在发挥现有发动机的燃油效率优势的基础上，边行驶边充电，还可以利用能量回收装置（利用刹车时的制动力发电，积蓄能源），极其复杂。

这样一来，当其他企业无法模仿（进行相似的开发）时——即当模仿的成本过高时，通常就会出现两种选择。第一种是收购该企业，第二种就是带入新的竞争规则，与对手竞争。

油电混合动力汽车就是典型的例子，"太考验技巧了。

无法再继续效仿了"，在这种声音出现的瞬间，选择的路就只有上述两条。

　　专营电动汽车的美国汽车厂商特斯拉之所以诞生，就是因为受到了这种环境的影响吧？

"模仿"的成本

图 4-3 中标出了其他车商模仿已经发展起来的事业，并企图加入进来时所需的成本、产业和技术的成熟度。笔者将按时间顺序，从产业和技术的黎明期开始解说。

在产业与技术刚刚开始产生的阶段，企业可以一边摸索试错，也可以边看边模仿别的商家加入市场，且并不需要投入多少成本（A）。

当产业与技术随着时间进步，如果有新的企业模仿老企业，想要加入进来，此时与 A 阶段相比就要花上一些成本了。不过运用原有的产业运营方法还是能够参与进来的（B）。

随着时间的继续推移，厂商之间相互竞争、切磋琢磨，技术变化的曲线会变得平缓，产业日趋走向成熟，此时就会

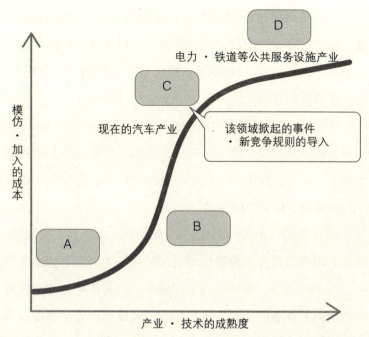

模仿 · 加入的成本

D

电力 · 铁道等公共服务设施产业

C

现在的汽车产业

该领域掀起的事件
· 新竞争规则的导入

B

A

产业 · 技术的成熟度

出处：由 GF Research 制作

图 4-3　模仿的成本与产业成熟度的关系

出现一个拐点。在这个节点上，即使模仿原有企业，要新加入这个市场也会花费巨大的成本。在此时，竞争优胜者开始并吞失败的企业，失败的企业与新进企业则开始摸索新的竞争规则。现下的汽车产业正处于这个阶段（C）。

最后，产业已经完全成熟，开始出现产业规制，老企业与相关的监察机关保持联系，因此新企业并不是那么容易入行了。现有竞争企业的成长引擎也多半是 M&A。现下的公共服务设施事业就是这一阶段的代表（D）。

B 阶段到 C 阶段正是事业的模仿成本急剧增加的阶段。也就是说，在这一阶段，竞争规则从"技术领先程度"转变成了"资金的可持续性筹措"。虽然技术变化的节奏放慢了，但设备投资的竞争无法避免。

近 20 年来，日本在 DRAM 与 SoC 等半导体、液晶屏、太阳能板、纯平显示器、手机（智能机）等零部件和成品的市场上，存在感消失殆尽。这都是因为日本企业在从 B 迈向 C 的过程中"掉队"的缘故。

在 C 阶段，胜败一目了然。如果企业的经营状况糟糕，更是会出现退出行业或裁员的情况。我认为，现下的汽车产业正处于 C 阶段。眼下的竞争规则——改善燃油效率和应对环境规制的竞争已经到达瓶颈期，因此现在正处于竞争领域即将发生改变的阶段。一种方法是通过 M&A 扩大规模，另一种是引进新技术，使竞争的条件重新"归零"。

企业能否顺利从 C 阶段过渡到 D 阶段，决定了它能否在这个行业里长期占据领先地位。然而这并不容易。在 D 阶段，市场内的竞争环境均衡，企业很难产生自发改变竞争规则的内部动力。新加入的企业如果运转资金充盈，则可以踏实地进行 M&A。

日本的电机产业就是在"模仿·加入的成本"与"产业与技术的成熟度"的管理方面失利，导致很多企业一蹶不振。现下，日本的电机厂商正想要发展业务组合中留存的公

共服务设施这一块，但如果他们忽视了公共服务设施事业的
竞争规则——"凭借充裕的周转资金进行M&A"，那么恐怕
还未发展到 D 阶段，就会遭遇失败。

美国发起的连锁革新潮其实雌伏了 20 年

现在看上去，美国一直在引发革新并且每一次都十分成功，但笔者认为，能像现在这样持续良性循环，其实需要先花上 20 年的时间埋下伏笔。从 20 世纪 80 年代中叶至 90 年代初期，在制造业中的电机、半导体、汽车领域，美国企业被日本企业逼入了绝境。这期间，美国以日本的"校企产协作"为例，得出了这样一个结论：美国企业的竞争优势存在于研究开发与不断改变原有竞争规则的革新中。

图 4-4 中显示，美国在发现"可以保证美国竞争优势的领域"之后，从 1994—1995 年开始，代表美国股票指数的 S&P 500[①]的上升趋势与过去相比大幅提升。1994—1995 年

① 标准普尔 500 指数。英文简写：S&P 500 Index，是记录美国 500 家上市公司的一个股票指数。

之间，正是互联网开始普及，微软发售 Windows95，计算机开始进入我们生活的年代。

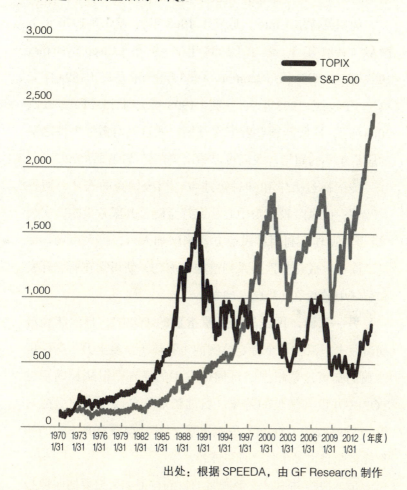

出处：根据 SPEEDA，由 GF Research 制作

图 4-4　TOPIX（东京股票价格指数）与 S&P 500 的变化情况

（1970 年 1 月末 =100）

真正让人吃惊的是，在那之后，美国产业的技术与产业结构的变化中，一定都存在领导时代脚步的领导者。

例如英特尔（Intel，成立于1968年）、苹果（1976年）、微软（1981年）、戴尔（1984年）、思科（Cisco Systems，1984年）、高通（Qualcomm，1985年）、亚马逊（1994年）、贝宝（Paypal，1998年）、谷歌（1998年）、脸谱（Facebook，2004年），这些新领导者依次登场。通过其对雷曼事件之前的股价水平的超越，我们可以看出美国经济的强劲势头。

美国通过大学和硅谷等地方，招揽优秀的人才，留住"智慧"；以风险投资为中心，完善金融公共服务设施，实现"资金"循环；利用移民等方式来增加人口，扩大市场，促进"商机"成熟。这一系列措施的成功，使得它在研究开发和革新中的竞争优势已然确立。

另一方面，代表日本股票指数的TOPIX，自泡沫经济崩溃以来，只在一个特定范围内（箱体）反复上升下降。虽然我们知道这是根据经济周期发生的循环，但从长期来看TOPIX并没有增长的迹象。目前依靠安倍政权下的金融对策和财政政策，TOPIX虽然有所上升，却没有像S&P 500那样，超越雷曼事件之前的水准。

虽然股指并不是政策颁布的目的，但如果想要摆脱股指在一定范围内反复波动的状态，就必须有一家企业能够改变目前的竞争规则，掀起革新。新老企业交替的过程中，新企业会显示出其事业的发展前景，向投资者展示：与其投资老企业，不如投资回报率更高的新企业，这是摆脱箱体震荡的第一步。

对于美国来说，只要企业的据点设在美国，那无论是谁都可以掀起革命，并且主体可以不断地变换，重点只要是"成功掀起革新的企业在美国国内"。接着，就让这些以革新为事业的企业——例如亚马逊、谷歌、Facebook 等，在世界舞台上扩展就好。最关键的一点是，美国有一个完善的体系，让国内能随时迎接革新的发生。

综上所述，美国为了时刻掀起的革命做了一系列准备，而日本却没有。因此面对美国企业时，日本企业能做的只有努力自保而已。正如前面已经提到过的，日本企业应当做好准备，迎接革新者粉碎原有汽车厂商的价值链的那一刻。这个准备包括，即便是威胁到自身地位的技术，也要积极投资，甚至包括收购美国的新兴企业，以牵制住美国的革新。

最理想的情况是，日本企业主动建立新的竞争规则，但如果本身就是规则中的胜利者，这会很难。也许现在的丰田就处于这样一种境地中。

第五章

2020年，两个转折点

奥运会将成为城市设计的展示窗

2020 年，出人意料的是，它将成为日本经济和公共服务设施事业的两个重要的转折点。

2020 年开幕的东京奥运会，将会是向全世界造访日本的外国人展示"东京的城市设计"的绝好机会。

到了那个时候，城市设计恐怕不会仅是一个看过就算的新奇玩意儿，它应该会成为"出口商品"。举办 2020 年东京奥运会的东京，正是借以展示设计的"橱窗"。

如前所述，自动驾驶汽车拥有改变社会体系的能力。谷歌、亚马逊、特斯拉，这些与城市设计毫无瓜葛的企业开始纷纷凭借自己与城市设计之间的接触点，寻求与它发生关联，也正是因为这些企业意识到了它的"破坏力"。它们凭借着日本企业在竞争中缺少的"ICT 与能源领域"优势，配合"资金运作"，想必将会提出更富有魅力的城市设计方案。

对于这个新趋势，日本必须思考这个问题——"如何给东京改头换面"，同时还必须决出由谁带头。如果日本想要向全世界输出自己的城市设计，当然必须定下由"谁"来担任窗口的职能。

一直以来，日本都试图将"智慧城市"与"智能社区"作为城市设计的基础应用推销至世界各地。在这一过程中，各家企业结成联盟，分担职能，凭借节能方面的先进技术与商品种类的齐全，向海外展现自己的魅力。

但事实上，这样的推销方式，并没有受到以发展中国家为主要对象的世界其他各国的充分认可。

且不谈技术先进与否，无论是发展中国家还是发达国家，在发展基础设施时首先要解决的还是"长期的资金周转要怎么办"与"基础设施投入使用后，能源调配要怎么办"这两大问题。如果这两点没有得到解决，日本就很难将公共服务设施输出至海外国家。

因为一直以来的客户都是自己具有调配能力的日本电力公司或铁路公司，因此日本的大型电机厂商并没有单独解决"资金"与"能源"两方面问题的能力。

由于这样一个背景的存在，在向海外推销发电站或高速铁路时，这些企业往往会把日本的电力公司与铁路公司也一起带入其中。可是，这些电力公司和铁路公司本身并不具有强烈的走向海外的意愿，所以不可能像大型电机厂商这样积极。

另外，人们对公共服务设施所能实现的功能需求也发生了很大的变化。

不久之前，市场的"宠儿"还是实现高效率发电的联合循环燃气轮机①和时速 300 公里安全行驶的高速铁路。而现在，关键因素还加入了一点：在运行公共服务设施系统时，"如何才能确保安全性"。

事实上，在国际互联网环境下，公共服务设施的黑客风险应对措施也成为是否购买该产品的关键因素，并且已经有了实际案例。在这些案例里，关键词同样是"硬件"×"ICT"。

举例来说，日本企业虽然在硬件领域确立了竞争优势，可是在 ICT 领域里，面对运营着巨大数据中心的谷歌、亚马逊、IBM 或惠普等企业，日本企业却无法说自己"具有竞争优势"。这是令他们烦恼的一个方面。

由于以上几方面因素，首先决定趁此次东京奥运会之际，将东京交给谁来设计，把领导权交给谁来掌握，就成了重要问题。

---

① 联合循环燃气轮机（Gas Turbine Combined-Cycle，简称 GTCC），又称燃气—蒸汽联合循环，将燃气轮机和蒸汽轮机组合起来的一种发电方式，主要由燃气轮机、余热锅炉、蒸汽轮机三部分构成。

在这场竞争中，拥有城市设计的普及应用——"自动驾驶汽车"业务的企业，也将成为有力的候补选手之一吧。

万幸的是，汽车厂商的股东权益充盈，若要进行长期的资金运作，比起日本的大型电机厂商来说形势有利许多。也许这些企业在 ICT 领域优势方面和项目管理的经验值方面会被质疑，但毕竟，如果没有长期的资金运作能力，想要进行城市设计并运营，将是一件十分困难的事。

图 5-1 显示了与城市设计有关的全球化企业的股东权益与其对全资产的比率（股东权益比率）。正如笔者在第二章中已经指出的，"股东权益"对于筹措资金来说是十分重要的。而通过图 5-1 可以看出，丰田能够确立在资金筹措方面的压倒性竞争优势；丰田也拥有良好的财务状况，能够媲美全球性的公共服务设施企业——通用电气公司（General Electric Company，简称 GE）和西门子（SIEMENS）等企业。

既然谷歌已经在进行自动驾驶汽车的开发，所以丰田完全也可以积极地投入 ICT 领域。事实上，GE 已经打出了"工业互联网（Industrial Internet）"的概念，将企业出售的工业设备和车辆等用网络连接，以保证品质与安全性。[①]

此外在德国，政府已经公布了"工业 4.0"的概念。代表德国制造业的西门子用网络接通其工厂的生产过程，以提

---

① http://www.ge.com/jp/company/industrial_internet/ ——作者注

高生产效率。

其实，日本在很久以前已经启动了类似工业4.0的方案，三菱电机的"efactory"就是很典型的例子。不过，日

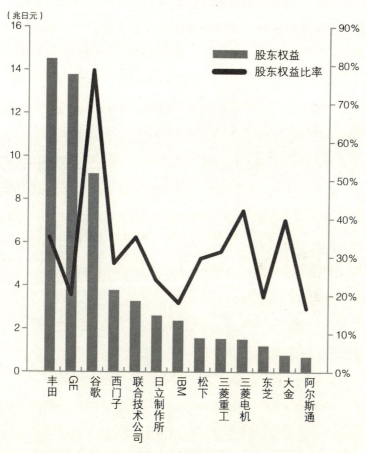

出处：根据 SPEEDA，由 GF Research 制作

图 5-1　城市设计关联企业的股东权益与股东权益比率

本的汽车厂商要挑战的东西也许更接近"工业互联网"的概念，那就是"如何控制运行中的汽车"。虽然汽车的普及数比不上工业设备，但可以想见，只要自动驾驶系统成熟，大量的个别控制领域就将变成核心技术。为此，日本企业必须进行足够的投资和充分的准备。

在人口减少与老龄化的时代，
需要"灵活"的公共服务设施

再看图 5-2，如图所示，以 2020 年为节点，东京的人口将开始减少。这对日本经济和公共服务设施产业来说，是第二个重要的转折点。

尽管全球城市人口总量在增加，东京在进行城市设计时却必须以人口减少为前提。再加上老龄化的加剧，东京的城市设计也许必须具备一定程度的灵活性，以在"城市系统缩小"的同时还能满足老龄化的需求。

一般情况下，公共服务设施在短期内扩张或缩小几乎是不可能的。公共服务设施是为人口增长而准备的，当人口减少时，大多数的做法是维持现状或弃之不用。

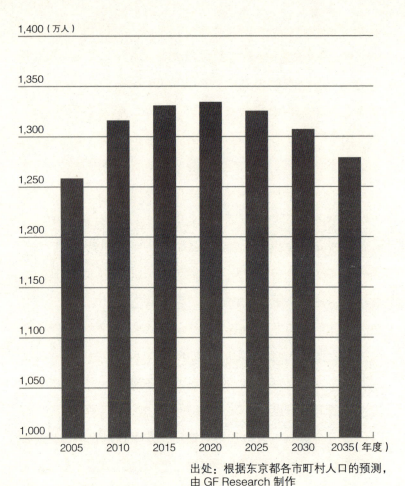

出处：根据东京都各市町村人口的预测，由 GF Research 制作

图 5-2　东京的人口预测

　　到目前为止，作为对短期需求迅速做出回应的案例，新兴国家的手机移动通信系统可以说是十分典型的一例。事实上，由于公共服务设施迅速做出了应对，手机的使用人数才

能获得急剧增长。

什么是可以迅速改变的公共服务设施呢？简单来说，就是"具有灵活性的公共服务设施"。其特色之一，就是"让使用者拥有公共服务设施功能"。M2M（机器对机器通信）和P2P（个人对个人）这类根据使用者人数或终端数量形成的公共服务设施，就不需要提前大量准备。它在车与车之间的通信中已经落实，那在其他用途上——例如在汽车或自动驾驶汽车上，是否也能发挥公共服务设施的作用呢？

另外在能源方面，太阳能发电与需要建立联合工厂的火力发电项目以及受选址限制的核电站有所不同，建设的随机性较大，还可以随时移动。在美国，太阳能发电仍然是一大热门，并且它的发展动向与欧洲、日本略有不同，值得我们关注。

日本企业如果想要规避公共服务设施产业内资金筹措方面的竞争规则，同时建立新的竞争规则，就可以尝试以"移动客户端"×"公共服务设施"或"移动客户端"×"能源"为切入口。东京可以算是世界上首屈一指的大城市之一，却面临着人口减少、老龄化加剧的环境。在这样的大环境下，是否可以建议一个在海外也能实现灵活展开的商业模式呢？

再看硬件的可能性

从 2020 年开始，日本的城市设计将会发生改变。与此同时，产业结构也会发生剧变。紧随其后，地方城镇的设计也会受到影响。另一方面，随着老龄化日趋严重，人口年龄构成也将改变。这是一个虽然缓慢但确实存在的趋势。竞争规则发生变化的背景，可能是企业经营所涉及的领域的变化，也可能是伴随外部变化而发生的变化。日本企业必须顺应形势发生改变，否则便将难以存活。

并非所有企业都必须将企业活动或业务进行全球化，但是就算企业只在国内开展业务，也不能忽视全球化企业的动向。

例如，在日本的智能机市场上，iPhone 成功的背后，是日本的手机制造商失去存在感，甚至有企业退出市场。还有日本的电机制造商，在电视机、手机、智能机、电脑等方面接连失去产成品市场，使得附属于产成品市场的日本半导体事业也不得不进行缩减，只剩下一小部分企业还能存活。结果造成了地方上的生产工厂实行重组，就业率受到影响。那些本以为与自己不相干的事，突然就变成了自己的事。

设想如果汽车行业也发生了这样的情况呢？当日本的街道上来往的自动驾驶汽车几乎全产自特斯拉，或是丰田的汽车里竟然搭载了安卓OS，又或是使用车内导航还要去谷歌市场Google Play下载资源，等等。这就好像三星的智能机里安装了安卓OS一样。

对于日本经济来说，汽车产业也许是它最大的也是最后的堡垒。而对于美国来说，却是一块"可以利用ICT重新掌握主导权的产业"。在美国，城市设计中汽车本身就是根基，如果要争论汽车的定位，那就相当于要动摇城市甚至是整个国家的设计。

正如我们在第四章中看到的，考虑到美国交通方面的能源消费情况，它一定会想自己掌握未来有效的交通工具——也未必就是电动汽车的主动权。届时，把拥有全球最具竞争优势的ICT与硬件进行组合，再加上服务平台，行业门槛必然会越来越高。

建议一个强大产业的同时还会提高就业力，因此美国自然十分愿意提高制造业的活力。制造业拥有分配所得的功能。即便培养出了多家 ICT 产业在内的全球性企业，能够从中获益的也只是拥有特殊技能或职务经验的人。然而，制造业可以雇用大量劳动力，使所得分配机能发挥作用，这样一来，社会就会稳定。制造业生产过程的自动化今后很有可能会继续发展，但实行完全的自动化还是有困难的。因此，人工工序还是会保留下来。另外，制造业的价值链较长，关联的产业和企业也很多，因此可以预见它对经济的波及效果。

从很久以前开始，美国制造业中重要工厂的生产据点都放在国内，特斯拉工厂的前身 NUMMI 也是 1984 年通用与丰田的合并公司。英特尔主要的半导体工厂和三星的面向 SoC 的半导体工厂也在美国。

生产线自动化后，生产成本中的人工费会相对降低，所以美国企业生产的产成品中的重要元件逐渐转向在美国国内生产。特斯拉与松下合作建立的"千兆工厂"的电池工厂，也如前述，建在美国境内。

美国在价值链中的研发、营销、售后等环节中追求附加价值，而重要的零部件会继续在美国境内生产。制造业这个词囊括了很多环节，而美国为了保住制造业本身，一直在验证应该在价值链中留下哪个过程，舍弃哪个过程。眼下的情况就是验证得出的结果。

在美国的研发在关注技术的同时也十分积极地关注硬件

的发展。这是因为在美国，针对特定功能开发的硬件，例如机器人与 UAV 等的研发工作领先全球。

安卓的创始人安迪·鲁宾将安卓卖给谷歌后留在谷歌担任安卓 OS 和机器人的开发，但他后来为了将"技术与硬件"结合而选择辞职①。

研发硬件时，最重要的是如何高效地进行循环——制作雏形然后检验结果。雏形的品质和性能如何，决定了能否步入下一个项目。无论在量产品的制造过程中如何推进自动化，制造业的开端，必然还是依赖于人的创意与人工的。美国也已经发现了人的重要性。希望日本的产业政策不要光顾着提高就业率，而是应该尽快发现哪个产业具有竞争优势，抉择各个产业的去留，并根据这个结果提高就业率。

革新不可能每天都发生在世界随便某个地方。虽然日本人整天把"革新"这个词挂在嘴边，但会给社会及产业带来影响的革新，20 年大概也就一次左右吧。因此，现下企业要做的首要大事是假设将来可能会发生改变的竞争规则是什么，同时为能持续生存，思考企业的事业战略。

---

① http://techcrunch.com/2014/10/30/andy-rubin-is-leaving-google-to-start-a-hardwareincubator/ ——作者注

企业的生存三要素

在图 5-3 中，整理出了不同事业规模所伴随的可能会出现的风险与回报，以及保持竞争优势的要素。

· 分类 1　目标是霸权

至今为止在海外也取得成功并闻名全球的日本企业，都是以硬件为切入口，将规模发展壮大的，日本的出口产业也基本是经营硬件的公司。对于硬件产品，客户只要接触并试用过，就能明白它的称手。说得极端一些，它已经无须语言，品质说明一切。

但是，随着移动通信系统的完善与普及，网络公共服务设施的逐步扩充，企业的竞争领域从单个硬件发展到了硬件与 ICT 领域的组合，因而变得复杂起来。

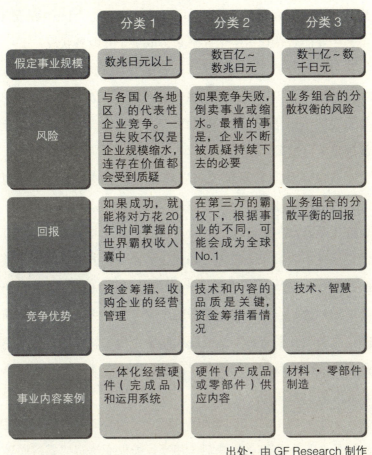

	分类 1	分类 2	分类 3
假定事业规模	数兆日元以上	数百亿~数兆日元	数十亿~数千日元
风险	与各国（各地区）的代表性企业竞争。一旦失败不仅是企业规模缩水，连存在价值都会受到质疑	如果竞争失败，倒卖事业或缩水。最糟的事是，企业不断被质疑持续下去的必要	业务组合的分散权衡的风险
回报	如果成功，就能将对方花20年时间掌握的世界霸权收入囊中	在第三方的霸权下，根据事业的不同，可能会成为全球No.1	业务组合的分散平衡的回报
竞争优势	资金筹措、收购企业的经营管理	技术和内容的品质是关键，资金筹措看情况	技术、智慧
事业内容案例	一体化经营硬件（完成品）和运用系统	硬件（产成品或零部件）供应内容	材料·零部件制造

出处：由 GF Research 制作

图 5-3　本企业生存之道的矩阵

很可惜，日本企业在 ICT 领域中的"成绩"几乎一片惨淡。那些原本在硬件方面强势的企业，正不得不做出是否要从外部吸收 ICT 事业的决定。

在分类 1 里，企业的事业规模会扩大。为了确保竞争优势，还需要提高对事业研发和设备的投资额。因此在分类 1 中，企业能否在竞争中生存下来，取决于其财务状况。

另外，分类 1 中还包括了经营电力系统、铁路等公共服务设施的企业，以及医疗器械产业，因此 M&A 对其成长起着重要的作用。收购时所需的资金自不用说，收购后的企业管理也十分重要。

肩负自动驾驶系统未来发展的企业，应该属于分类 1 吧。然而，全球有多少家企业可以承担系统运行的重责呢？也许比原有汽车制造商的数量更少。自动驾驶系统的定位应该更接近于公共服务设施。如此，类比现在的电力系统、铁路和医疗器械产业，在全球范围内估计也只有三四家企业能够做到这一点。从安全保障的角度考虑，无论是在哪个国家，自动驾驶系统都不是随便交给哪个企业就行的，这其中甚至可能包括政治上的判断。因此，这一产业中会存在仅靠企业的努力无法超越的壁垒。

如果分类 1 的企业成功了，就有可能长期握有霸权，并决定产业与事业的竞争规则。相反，如果无法掌握霸权而导致失败，那企业可能很难被允许缩小规模继续生存。这其中的风险很大。

· 分类 2　最大限度运用霸权下的竞争规则

大多数日本企业属于这个分类。只要看清世界的竞争规则，就能从中受益。

如果一个日本企业的产成品市场占有率很高，那为该企业进行零部件加工的企业也将从中受益。现在获益的产业大概就是汽车零部件产业了吧，因为日本汽车在燃油效率和品质方面仍然拥有竞争优势。

另一方面，因为日系家电制造商生产的电视机、手机、电脑等产品，在全球市场的占有率大幅下滑，导致主要依赖它们销售产品的零部件制造商的业绩也是每况愈下。

因与日系家电制造商的交易骤减，为填补这个缺口，这些企业就必须采取行动，"扩大与海外制造商的交易"或是"开拓其他业种的客户"。不过，无论是哪一种方法都需要资金，这不是短时间内能解决的问题。

在日本企业的产成品市场占有率还很高的年代，分类2里应该有许多日本企业都从中获得了好处，但由于分类1的企业实力过于强大，它们也付出了许多艰辛。特别是和分类1的企业交易时，必须生产出能够满足全球需求量的产品。另外，它的竞争对手遍布全球。在保持技术方面的竞争优势的同时，资金周转能力也变得越来越重要。

如果在分类2成功，也能获得丰厚的回报。例如三星的智能机搭载谷歌的安卓系统，一边扮演着安卓手机的传道士角色，一边在全球范围内销售台数不断增长。它无须自己设计竞争规则，也获得了全球第一。

然而在这个分类里，越来越多理解竞争规则的企业加入了进来。中国的小米手机等品牌，以"高端·平价"为武器，使三星受到了冲击。同样，日本把美国的半导体产业和汽车产业逼到绝境，而韩国把日本的电机产业逼到绝境，甚至影响了汽车产业。而现下，韩国正受到中国大陆和台湾地区企业的威胁。

像这样，在全球范围内，主要竞争企业跟着地域变化而变化的现象，也是分类 2 的特征之一。美国为了让自己逃离这个竞争规则，一直在努力将自己的企业转变到分类 1 里。希望日本的企业也尽可能多地转变至分类 1。

· 分类 3　贯彻材料和零部件的开发、制造

这是放弃产成品市场，专注于材料和零部件生产的生存方式。如果企业拥有技术却没有资金，那么就符合这个分类。

例如，索尼就是在分类 3 中成功的企业。它为智能机与数码相机提供图像传感器，与全球有名的智能机制造商有过合作。索尼曾想将家用电视游戏机 PlayStation 及其服务平台 PlayStation Network 进行组合，以求进入分类 1，但至今仍未确立竞争优势。它在电视机、手机方面企图在分类 2 中取得成功，但就现在的情况来看，算是失败了吧。

索尼从分类 3 转变到分类 1，扩大了挑战分类。早先，它在晶体管、CCD（图像传感器）、锂电池等零部件开发和量产技术方面成功取得了竞争优势，还开发了发挥这些零部

件魅力的成品和应用。回顾历史可见，索尼复活的关键就是零部件。即使是生产成品，如果其中的自制零部件没有优势，也很难获得竞争优势。在图像传感器事业方面，它已经注意到了不要"过度依赖自制成品"的问题。在索尼，智慧是其发挥最大效用的事业。

虽然分类 3 不牵扯到产成品，但企业必须随时掌握全球有哪些商品和应用在热销和普及，并具备智慧，能看出制定新的竞争规则的企业是哪一家。

分类 1 和分类 2 的企业商品的创意许多都来自分类 3 的企业。定位于分类 3 的企业，与分类 1、分类 2 的许多企业会有关联。如果能活用自身定位，就可以先发制人，构想出新的商品。

在分类 3 里，有许多拥有竞争优势的企业，但在这个分类里也有问题——这些企业的事业规模与分类 1、2 相比，远不如后者。

选择哪一种生存方式，必须根据各企业的资源和竞争优势，但为了构筑起一个使日本经济繁荣的系统，必须尽可能多地涌现出分类 1 的企业。

日本的汽车制造商在现在的汽车产业中适合分类 1。这是因为有分类 2 和 3 高品质的商品和超高技术的支持。另一方面，因为日本的汽车制造商在全球市场的扩张，分类 2、3 的企业也获得了成长。可以说，现在的汽车制造商与零部

件·材料制造商之间，像是"母鸡与鸡蛋"的关系。至今为
止，双方一直保持联动，因而确立了竞争优势。

日本的汽车制造商即将闯入一场只许胜不许败的竞争，
面对至今为止从未交过手的竞争对手。汽车制造商必须在
目前已经建立起来的价值链中加入 ICT 领域。转折点就在
2020 年。

尾 声
Google vsトヨタ

　　结果，构思用了近一年，下笔用了两个月。

　　在技术分析者看来，汽车行业正在急速向技术主导的高科技产业转变。也因此，当下正是分析家发挥想象力的时刻。也许我对未来的预想图与"完美"相去甚远，但这次，我还是想把我所想象的内容转化成文字表达出来，因此才有了这本书的诞生。

　　在写作过程中，多亏了各界人士的帮助，才能支持我坚持到最后。

经家父介绍，我有幸结识了高分子化学的权威，并获得了采访的机会。在聆听他讲话的过程中，我深刻地理解了日本汽车的竞争优势始于材料的优势。在此请允许我向他表达深刻的谢意。

我向日经 BizGate 的总编渡边享靖先生说明了本书的构思，向他征询了意见，让我受益匪浅。该网站内亦有我的前作《泉田良辅的"新·日本产业鸟瞰图"》连载，希望拙作有幸得到您的垂青。

同我一起运营针对个人投资者的经济媒体"拢金（Longine）"的经营团队：原田慎司先生、吉积礼敏先生、德久悟先生、证券分析师和泉美治先生、持丸强志先生、椎名则夫先生、笹岛胜人先生，感谢各位提供了许多分析的切入口。在此再次表示感谢。

另外，还有许多爽快地答应了我的采访要求的企业，真心表示对各位的感谢。

庆应义塾大学大学院系统设计管理研究科的各位教授，感谢各位的指导。你们让我明白了什么是安全，以及系统设计的作用及其深度。

为了写作本书，家中之事几乎全交给了妻子打理。还有我的父亲，他在化学制造企业工作，与汽车产业打了将近40年交道，此次教给了我许多与汽车行业有关的事。再次向我的家人表示感谢。

　　最后，对于一开始就全盘接受这个不知道能有多深入的未来预测企划的株式会社 **KADAKAWA** 的中野克平先生、雨宫彻先生、寺田祐子女士表示感谢。当我的写作迟迟没有进展时坚持不懈地为我打气的我的编辑古川浩司先生，再次向各位表示感谢。如果没有古川先生，恐怕就不会有这本书的诞生了。

　　如果这本书可以成为人们考虑日本产业未来的契机，那就是我的荣幸。

　　　　　　　　　　　2014 年 11 月 15 日

　　　　　　　　　遥望正在经过东京湾的 LNG 邮轮

　　　　　　　　　写于　富津市高台

　　　　　　　　　泉田良辅

图书在版编目（CIP）数据

智能化未来：无人驾驶技术将如何改变我们的生活 /
（日）泉田良辅著；李晨译. — 杭州：浙江大学出版社，
2015.11
　　ISBN 978-7-308-15200-6

　　Ⅰ. ①智… Ⅱ. ①泉… ②李… Ⅲ. ①无人驾驶-研
究 Ⅳ. ①U284.48

中国版本图书馆CIP数据核字(2015)第235657号

Google vs トヨタ
Copyright　RyosukeIzumida 2014
Edited by CHUKEI PUBLISHING..
Original Japanese edition published by KADOKAWA CORPORATION.
Chinese translation rights arranged with KADOKAWA CORPORATION,Tokyo..
Through Shinwon Agency Beijing Representative Office, Beijing.
Chinese translation rights　201x by Hangzhou Blue Lion Cultural & Creative Co., Ltd.

智能化未来：无人驾驶技术将如何改变我们的生活

［日］泉田良辅　著　李晨　译

策　　划	杭州蓝狮子文化创意股份有限公司	
责任编辑	卢　川	
责任校对	徐　婵	
出版发行	浙江大学出版社	
	（杭州市天目山路148号　　邮政编码　310007）	
	（网址：http://www.zjupress.com）	
排　　版	杭州林智广告有限公司	
印　　刷	浙江印刷集团有限公司	
开　　本	880mm×1230mm　1/32	
印　　张	6.75	
字　　数	119千	
版 印 次	2015年11月第1版　2015年11月第1次印刷	
书　　号	ISBN 978-7-308-15200-6	
定　　价	32.00元	

版权所有　翻印必究　　印装差错　负责调换
浙江大学出版社发行部联系方式：0571-88925591；http://zjdxcbs.tmall.com